Wilde FEUERkräuter

Immunsystem stärken mit Oxymels, Wasserkefir, Kombucha & Co

Disclaimer/Haftungsausschluss

Die Informationen und Rezepte in diesem Buch sind mit allergrößter Sorgfalt erstellt, erheben jedoch keinen Anspruch auf Vollständigkeit. Wir weisen ausdrücklich darauf hin, dass die Angaben in keinem Fall mit einer Heil- oder Gesundheitsberatung gleichzusetzen sind. Es geht um die Herstellung von Lebensmitteln und einfachen Pflanzenauszügen für die private Hausapotheke. Bei gesundheitlichen Beschwerden sollte immer erst der Arzt oder Apotheker konsultiert werden, auch Heilpflanzenanwendungen sollten mit einem Behandler abgestimmt werden, der die Wirkung der Heilpflanzen und die gesundheitliche Situation kennt. Vor der Eigenbehandlung mit Heilkräutern und Heilpflanzen sollte außerdem geklärt werden, welche Nebenwirkungen oder Wechselwirkungen mit anderen Medikamenten auftreten können und welche Unverträglichkeiten möglicherweise bestehen.

Impressum

LANDLEBEN im CADMOS Verlag

Umschlag, grafisches Konzept und Satz: Gerlinde Gröll, www.cadmos.de

Lektorat: Ing. Barbara P. Meister MA, www.fachlektor.at

Fotonachweis: Falls nicht anders angegeben sind die Fotos in diesem Buch von Janine Hegendorf.
Die Fotos von der Autorin und der Fotografin wurden von Jil Ziegner gemacht.
Die Fotos im Kapitel über die Heilkräuter stammen von Shutterstock.

Druck: www.graspo.com

Deutsche Nationalbibliothek – CIP-Einheitsaufnahme

Die Deutsche Nationalbibliothek verzeichnet diese Publikation in der Deutschen Nationalbibliografie; detaillierte bibliografische Daten sind im Internet über http://dnb.ddb.de abrufbar.

Printed in EU

ISBN 978-3-8404-3063-3

Wilde FEUERkräuter

DOROTHEE DAHL

Fotos der bekannten Foodbloggerin
JANINE HEGENDORF
www.nutsandblueberries.de

Immunsystem stärken mit Oxymels, Wasserkefir, Kombucha & Co

LANDLEBEN

Inhalt

Vorwort

In frischen und getrockneten Kräutern steckt ein reicher Schatz!

Jules Sentman, Expertin für Phytotherapie und Lehrerin, hat mit ihrer Heilpflanzenschule eine Revolution in der Kräuterheilkunde gestartet. Online und live kann man bei ihr alles über Heilpflanzen lernen, Naturkosmetik herstellen und entdecken, wie cool es ist, sich mit Kräutern zu beschäftigen. Mehr über ihre Heilpflanzenschule im letzten Kapitel mit dem Titel „Feuer und Flamme".

Die kleine Kräuterrevolution

Was ich damit meine? Ich denke, sie schlummert wohl in allen von uns: die Sehnsucht nach der Natur. Eintauchen in grüne Schwingungen, die uns irgendwie ein bisschen umarmen. Für die einen ist das ein Spaziergang im Wald, ein Picknick am Flussufer oder Gänseblümchenpflücken mit den Kindern auf dem Spielplatz. Für alle Kräuterfans ist es der aufmerksame und neugierige Schritt in lebendige, ungewöhnliche und überraschende Pflanzenprojekte. Altes Wissen quasi entstaubt und neu gedacht.

Wenn wir eine Kräuterrevolution wollen, dann muss sie salonfähig werden. Genau das schafft Doro mit diesem Buch, indem sie altes Wissen neu interpretiert, verständlich aufbereitet und es kreativ in überraschende und zeitgemäße Rezepturen verpackt.

Ich bin fest davon überzeugt, dass wir eine echte Revolution hinbekommen, wenn wir das, was wir rund um Kräuter und Heilpflanzen wissen und erfahren, alltagstauglich machen. Die einzige Assoziation mit der Heilkraft der Natur sollte dabei nicht nur der Kräuterwickel unserer Großmutter sein, auch wenn er noch immer zu den wirksamsten Mitteln gegen Fieber gehört. Wir wollen neue Bilder schaffen, auch von den alten guten Dingen. Wir wünschen uns eine ästhetische und ansprechende Gestaltung aller Produkte, die man aus Heilpflanzen herstellen kann. Und wir brauchen dazu Menschen, die das Wissen über heilsame Sekundärstoffe inspirierend aufbereiten. Ziel ist es, Kräuter ins Rampenlicht zu rücken, und zwar so, dass jeder nicht nur Spaß daran bekommt, sondern auch den unschätzbaren Wert erkennt. Erst dann haben wir es geschafft.

Die Kraft und Magie der Pflanzen holen wir uns seit den Trends, die in der Interior-Blog-Szene zu finden sind,

zwar wieder gern als Zimmerpflanzen in unser Haus. In der Küche geht es aber über das Basilikum an den Tomaten und die Verzierung trendiger Cocktails mit Kräutern oft nicht hinaus. Ich wünsche mir, dass in Zukunft Kräuter und Heilpflanzen sichtbar unseren Alltag prägen. Kulinarisch, medizinisch und kosmetisch.

Schon Hippokrates sagte: „Eure Nahrungsmittel sollen eure Heilmittel und eure Heilmittel sollen eure Nahrungsmittel sein." Dieser Satz ist gerade heute hochaktuell. Deshalb kommt der Ansatz, den Doro in ihrem Buch aufgreift, für mein Gefühl genau zum richtigen Zeitpunkt. Es geht nicht um Hausmittelchen für das eine oder andere Leiden, sondern um viel mehr. Die wunderbaren Rezepte können im Alltag verwendet werden, kulinarische Werke in der Küche aufpeppen und fast selbstverständlich für die Dosis an Naturmagie sorgen, die unseren stress- und immungeplagten Körpern gerade jetzt guttut.
Wunderbar in Form, Text und Bild und sympathisch in der Vermittlung der Wirkweise unserer vielfältigen heimischen Kräuter vermittelt Doro in diesem Buch alles, was es braucht, um diese Kräuterrevolution voranzutreiben! Macht mit!

Einleitung

Du willst gesund bleiben, dein Immunsystem stärken und sehr leckere und bekömmliche Getränke zu dir nehmen, die du selbst hergestellt hast? Dann kannst du mit diesem Buch gleich loslegen, denn hier erfährst du alles, was du wissen musst, wenn du Pflanzenkraft richtig nutzen willst. Mit konkreten Anleitungen, unkomplizierten Rezepten und hilfreichen Tipps zeige ich dir, wie du wirksame Kräuter- und Pflanzenauszüge ansetzen und weiterverarbeiten kannst. Mit inspirierenden Fotos der bekannten Foodbloggerin Janine Hegendorf von Nutsandblueberries bringen wir frischen Wind in jede Kräuterküche.

Die Zutaten für Getränke und Tinkturen sind schon bei der Zubereitung ein Genuss. Es ist ein Spaß, sie zu verarbeiten, und die ganze Küche duftet frisch und „grün".

Wie wilde Feuerkräuter dir helfen, dich richtig wohlzufühlen

Alles ist in Bewegung, und unsere Fähigkeit, mitzuschwingen und uns immer wieder auf neue Situationen und Herausforderungen einzustellen, wird mehr denn je gebraucht. Das erfordert Energie und eine gute Selbstfürsorge. Was aber kann man tun, damit man im Wirbel des Alltags nicht untergeht?

Mir hilft da eine einfache Frage, die ich mir jeden Tag unzählige Male stelle: „Was brauche ich gerade jetzt, damit es mir gut geht?" Die Antworten darauf sind naturgemäß sehr unterschiedlich. Manchmal ist es tatsächlich eine Tüte gesalzene Chips, die zur Wiederherstellung meines Seelenfriedens beiträgt, oder ein Glas Wein nach getaner Arbeit. Aber etwas Kleines und Gesundes zu tun, hat einen viel schöneren Effekt und ist nachhaltiger in der Wirkung. Das, was guttut, braucht

nicht groß und spektakulär zu sein und in den wenigsten Fällen muss man dafür etwas kaufen. Was hilft, ist zum Beispiel ein bisschen Bewegung an der frischen Luft, eine kleine Pause auf der Terrasse, in der man nur mal kurz in die Sonne blinzeln kann, die Konzentration auf den Atem für ein paar Minuten ohne Ablenkung, um wieder zu sich selbst zurückzufinden, oder ein wärmender Becher mit Kräutertee, der auf die persönlichen Bedürfnisse abgestimmt ist.

Ein wichtiger Faktor, der dazu beiträgt, dass es uns gut (oder weniger gut) geht, ist das, was wir zu uns nehmen. Alles, was wir essen und trinken, sollte sich positiv auf unseren Körper auswirken. Knackige, frische, gesunde Nahrung macht fit und fördert die allgemeine Gesundheit. Aber wie sieht es mit den Getränken aus? Wusstest du, dass du über die Getränke, die du im Lauf des Tages zu dir nimmst, deinen Bedarf an Vitaminen, Mineralstoffen und Spurenelementen weitgehend decken

kannst? Kräuter, Heilpflanzen, Wurzeln, Gemüse und Obst können dir helfen, dein körperliches und geistiges Gleichgewicht (wieder) zu erlangen und zu erhalten. Und wenn in schwierigen Zeiten etwas aus der Balance geraten ist, helfen dir Tinkturen dabei, wieder in deine Mitte zu kommen.

Ganzheitliche Sichtweise

Das ist kein Hexenwerk, denn durch die lange Geschichte der Pflanzenmedizin wissen wir um die Wirkung von Arzneien auf pflanzlicher Basis, die übrigens schon im 6. Jahrtausend vor Christus eingesetzt wurden. Erst seit etwa 120 Jahren werden Medikamente auf der Grundlage einzelner Wirksubstanzen hergestellt, die chemischen Ursprungs sind. Trotzdem war seit jeher die bekannte Wirkung von Kräutern oder Extrakten aus Heilpflanzen Grundlage der Forschung und Herstellung von Arzneimitteln, die wir heute in der Apotheke kaufen können.

Bei einer ganzheitlichen Sichtweise in der Medizin geht es nicht in erster Linie darum, den Krankheitserreger zu bekämpfen, sondern den Körper zu stärken und die inneren Selbstheilungskräfte zu aktivieren. So werden nicht erst die Symptome behandelt, wenn sie auftreten, sondern vorgebeugt, damit man gar nicht erst krank wird. Dabei ist das Immunsystem der wichtigste Schutzwall unseres Körpers, der in der Lage ist, sogar aggressive Bakterien oder Viren abzuwehren. Aus diesem Grund ist es mehr als logisch, genau dieses System zu stärken. Bewegung, frische Luft und gesunde Ernährung sind dabei wichtige Pfeiler in der intelligenten Unterstützung unseres Organismus. Dabei stellt sich immer die Frage, auf welche Weise wir gesunde Nahrungsmittel zu uns nehmen können. Dazu braucht es keine Pillen und Kapseln, sondern eine Rückbesinnung auf das, was die Natur uns bietet. Aus einfachen und leicht verfügbaren Zutaten können wir selbst die Kraft der Pflanzen nutzen und in den Alltag integrieren.

Wirksame Pflanzenauszüge

Weil flüssige Pflanzenauszüge so wirksam sind, konzentrieren wir uns in diesem Buch auf diese Art der Gewinnung in verschiedenen Zubereitungsformen. Auf diese Weise kann jeder für sich und seine Familie gesunde und wohlschmeckende Sprudelgetränke, Tees und heilsame Tinkturen herstellen. Du lernst, wie man gesunde Getränke, Elixiere und Konzentrate selbst macht, und kannst entdecken, was am besten zu dir und deiner Lebensweise passt.

Beim Oxymel, einer mehr als 2500 Jahre alten Medizin, werden die Zutaten in die schon für sich hochwirksame

Kombination aus Honig und Essig eingelegt, sodass die Wirkstoffe in das Gemisch übergehen können.

Tee ist die bekannteste Form des Wirkstoffauszugs und gleichzeitig die mildeste. Hierbei werden die Sekundärstoffe der Heilpflanzen und Kräuter durch kaltes oder heißes Wasser entzogen.

Tinkturen, die innerlich und äußerlich angewandt werden, sind Auszüge, bei denen ebenfalls Essig oder hochprozentiger Alkohol eingesetzt wird. Du kannst ganz einfach eine kleine Hausapotheke zusammenstellen, damit du im Fall des Falles immer tatkräftige Helfer aus Heilpflanzen zur Verfügung hast.

Ein weiteres Kapitel in diesem Buch dreht sich um gesunde Alltagsgetränke. Darin wird die Herstellung von Wasserkefir und Kräuterlimonade erklärt und mit Rezepten ergänzt. Auch der fermentierte Kombucha und der mexikanische Ananas-Tepache bekommen Aufmerksamkeit.

Rezept-Highlights

Bei allen Zubereitungsformen gibt es jeweils ein Highlight: Beim Oxymel ist das der Fire Cider, eine sehr scharfe Sache mit Meerrettich, Ingwer, Chilis und anderen feurigen Zutaten. Wer das täglich zu sich nimmt, stärkt sein Immunsystem mit voller Pflanzenkraft. Auch die antivirale Variante im Kapitel über die Tinkturen ist in Grippe- und Erkältungszeiten eine gern genommene Naturmedizin. Glanzstück des Teekapitels ist die persönliche Mischung, die sich jeder Leser nach der Anleitung in diesem Buch selbst zusammenstellen kann. Die festliche Variante des Wasserkefirs schließlich kommt als willkommene Alternative zum Champagner.

Fang gleich an!

Für alle, die nach der Lektüre dieses Buches Feuer und Flamme sind und mehr mit Kräutern, Oxymels und Tinkturen machen wollen, gibt es im letzten Kapitel noch ergänzende Informationen. Abschließend nenne ich dir erprobte und für gut befundene Bezugsquellen, bei denen du hilfreiches und besonders schönes Zubehör sowie Zutaten für die Herstellung der verschiedenen Rezepte bestellen kannst. Du kannst aber (fast) alle Rezepturen auch mit einfachen Mitteln, die in jedem Haushalt vorhanden sind, nachbrauen.

„Wilde Feuerkräuter" ist ein Buch, das Lust macht, die manchmal etwas eingestaubt wirkende Kräuterheilkunde zu revolutionieren, zusammen mit anderen begeisterten Pflanzenfans gesunde Drinks zu brauen und eine selbst bestückte Naturapotheke einzurichten. Und nicht zuletzt hilft es dir, gut für dich und deine Liebsten zu sorgen, damit sich alle rundum wohlfühlen.

Wild, feurig und heilsam:
Pflanzenkraft richtig nutzen

Pflanzen sind ein großer Bestandteil unserer Ernährung, sie schenken uns Sauerstoff zum Atmen und können uns heilen. Deshalb ist die Nutzung der Pflanzenkraft nicht irgendein neuer Trend, sondern eine essenzielle Lebensgrundlage. Wir sind uns dessen vielleicht nicht immer bewusst, aber in dem Moment, in dem wir alles, was um uns herum wächst, näher betrachten, wird deutlich, dass wir ohne Pflanzen gar nicht leben können. Wenn du dieses Kapitel liest, kannst du für dich entdecken, inwieweit du schon von den grünen Freunden in der Natur profitierst und was du noch erobern kannst. Du lernst Heilpflanzen und andere gesunde Zutaten kennen, erfährst Wissenswertes über die Zubereitungsformen und die unerlässliche Hygiene bei der Herstellung von Getränken, Teemischungen und Tinkturen.

Alles, was du brauchst, um gesund zu bleiben, kannst du dir mit Kräutern, Gewürzen und wunderlichen Wurzeln ins Haus holen.

Vielleicht fragst du dich, warum dieses Buch „Wilde Feuerkräuter" heißt. Zum einen, weil in den Rezepten viele Kräuter, Pflanzen und Wurzeln verarbeitet werden, die einen doppelt feurigen Charakter haben. Sie sind überaus wirkungsvoll, wie zum Beispiel der Meerrettich, und gleichzeitig auch feurig scharf. Keine Angst übrigens, dass es zu scharf werden könnte. Es gibt immer Zutaten, die die Schärfe auch wieder ausgleichen können, damit alles in Balance ist.

Zum anderen liebe ich es, wilde Kräuter zu sammeln und sie beim Kochen auf dem Feuer zu verarbeiten. Diese Heilpflanzen sind Superfoods, die nicht vom anderen Ende der Welt kommen müssen. Du findest sie vor deiner Haustür, bei deinem nächsten Ausflug in die Natur oder du pflanzt sie einfach auf deiner Küchenfensterbank oder dem Balkon an. Für die Umsetzung der Anleitungen brauchst du aber kein Feuer zu machen. Im Grunde genommen benötigst du noch nicht mal einen Herd, denn die meisten Auszüge, die wir herstellen, sind Kaltauszüge. Nur beim Kräutertee geht es nicht ohne heißes Wasser, und das kannst du entweder im Wasserkocher erhitzen oder auch gern über einem knisternden Feuer warm werden lassen.

Bevor ich auf die verschiedenen Zutaten eingehe, eine wichtige Warnung: Verwende nichts, von dem du nicht hundertprozentig weißt, was es ist und ob du es verträgst. Ich empfehle dir ein Bestimmungsbuch für die Wildsammlung und Kräuterwanderungen, auf denen du unter Begleitung erfahrener Kräuterexperten alles lernst, was du wissen musst, um auch allein losziehen zu können.

Heilkräuter

An dieser Stelle wird es Zeit für eine Begriffsklärung. Wir sprechen von Kräutern und Pflanzen, Heilkräutern und Heilpflanzen. Kraut und Pflanze, gibt es da einen Unterschied?

Das Wort Kraut stammt ursprünglich aus dem Mittelhochdeutschen. Da hieß es „Krut" und meinte damit ein Gewächs, das man nutzen kann. Ein Heilkraut hat eine medizinische Wirkung, ein Unkraut ist an der Stelle, an der es wächst, nicht gewünscht, und ein Küchenkraut dient als Gewürz. Was sie aber alle vereint, ist der Begriff der Pflanze. In diesem Buch werden alle Bezeichnungen verwendet, wobei eher die genutzten Pflanzenteile eine Rolle spielen als die Einteilung in Kategorien. Es ist nämlich so, dass hinter einem vermeintlichen Unkraut eine wirksame Heilpflanze stecken kann und ein Küchenkraut neben einem einzigartigen Aroma in vielen Fällen auch eine nachgewiesene Heilwirkung hat.

Wirkungsweise

Aber was sind Heilkräuter beziehungsweise Heilpflanzen und wie wirken sie? In diesem Kapitel gibt es eine Übersicht über die Heilpflanzen, die man einfach bekommen und leicht erkennen kann. Wir beschäftigen uns dabei mit den Pflanzen, die einen messbaren Gehalt an wirksamen und heilsamen Eigenschaften haben. In den meisten Fällen sind sie die Grundlage für Medikamente, die man in der Apotheke kaufen kann.

Es gibt auch Pflanzen, die schon seit vielen Hundert Jahren in der Volksheilkunde eingesetzt werden, für deren Wirksamkeit es aber bisher keinen wissenschaftlichen Nachweis gibt. Was natürlich nicht bedeutet, dass sie nicht trotzdem eine heilende Wirkung haben können. Möglicherweise werden sie auch erst zu einem späteren Zeitpunkt erforscht und ihre Wirkung kann dann bestätigt werden.

Ohne Probleme kann man alle Heilpflanzen dieser Welt bestellen und hat sie meistens innerhalb weniger Tage im Haus. Klar ist es spannend, sich mit exotischen Zutaten zu beschäftigen, und der in einigen Rezepten verwendete Zimt wächst auch nicht vor der Haustür. Was die Kräuter betrifft möchte ich aber die vorstellen, die als Heilpflanzen wissenschaftlich bestätigt wurden und die man entweder im Bioladen kaufen oder im Garten und auf der Fensterbank züchten kann. Auch wilde Heilpflanzen, die sogar in der Stadt wachsen, stelle ich dir in diesem Kapitel vor. Zu jeder Pflanze gibt es ein Foto, trotzdem ist dieses Buch nicht dazu geeignet, Pflanzen aus Wildsammlungen eindeutig zu bestimmen. Ich kann es gar nicht oft genug sagen: Pass auf, dass du nur Pflanzen erntest, von denen du genau weißt, was es ist. Ein Bestimmungsbuch für Heilpflanzen oder eine App sind sehr hilfreich, frage im Zweifelsfall aber immer jemanden, der es dir genau sagen kann. Fang am besten erst mal mit den Kräutern an, die du als Samen oder Pflanzen gekauft hast, und baue dein Repertoire dann aus. Es macht viel Spaß, sich immer wieder für einen längeren Zeitraum mit nur einer Pflanze zu beschäftigen und sie durch und durch kennenzulernen. Finde dabei heraus, was dir an ihr besonders gut gefällt und was sie gerade jetzt für dich tun kann. Verarbeite sie dann in den verschiedenen Rezepten und freu dich über eure neue Freundschaft.

Die Wirkung von Heilpflanzen ist kraftvoll und sehr überzeugend. Sie entsteht durch die in der Pflanze enthaltenen sekundären Stoffe, die eigentlich dazu da sind, die Pflanze zu schützen. Man hat aber entdeckt, dass sie auch für den Menschen eine gesundheitsfördernde, positive und in vielen Fällen heilsame Wirkung haben können. Ein gutes Beispiel sind die sogenannten Saponine. Das sind Schleimstoffe, die entzündungshemmend wirken, antibakteriell sind und den Körper dabei unterstützen, Schleim zu verflüssigen und abzutransportieren. Deshalb verwendet man in Hustentees und Tinkturen gern Heilpflanzen, die Saponine enthalten, und auch im Oxymel entfalten sie spürbar ihre Wirkung. Saponine hemmen das Wachstum von Bakterien und regen das Immunsystem an. Aber auch andere wirksame Stoffe in Heilpflanzen tragen dazu bei, dass sie erfolgreich in der Naturheilkunde eingesetzt werden. Ätherische Öle zum Beispiel, die sich in Blättern, Blüten und Rinden finden, aber auch die Blütenfarbstoffe (Flavonoide), deren antioxidative Wirkung nachgewiesen werden kann. Dieses Wort, bei dessen Aussprache man sich ziemlich konzentrieren muss, bedeutet, dass der Angriff schädlicher Stoffe (freie Radikale) heldenhaft abgewehrt und damit dem Alterungsprozess entgegengewirkt wird.

Sekundäre Pflanzenstoffe

Heilpflanzen enthalten außerdem in größerer oder geringerer Konzentration Gerbstoffe (junge Eichenrinde ohne Borke, die in der Heilkunde verwendet wird, hat übrigens die höchste Konzentration an Gerbstoffen), Bitterstoffe (essenziell für eine gesunde Darmtätigkeit) und Aminosäuren, die für die antibakterielle Wirkung zum Beispiel im Knoblauch verantwortlich sind. Außerdem Mineralstoffe, Eiweiße, Säuren und sogar Hormone, die als sogenannte Phytoöstrogene vor allem in Zwiebeln und auch im Knoblauch enthalten sind.

Ein spannendes Phänomen sind die sogenannten adaptogenen Pflanzen, die in der Lage sind, sich Umweltfaktoren anzupassen und in Zusammenarbeit mit der Natur Stoffe zu entwickeln, die ausgleichend auf den Organismus wirken. Es gibt sie auf der ganzen Welt und jeder Kontinent hat seine speziellen Pflanzen oder Pilze. Wir brauchen aber nicht weit zu reisen, denn in unseren Breitengraden wächst eine Pflanze mit ungeahnter adaptogener Kraft. Falls du jetzt irgendein seltenes Kraut erwartest, das nur schwer zu bekommen ist, kann ich dich beruhigen. Es ist nämlich die nahezu überall wachsende und meistens weniger erwünschte Brennnessel. Wer weiß, was sie kann, wird sie vermutlich ab jetzt nicht mehr als Unkraut bezeichnen. Die kleinen Samen sind im Garten lästig, aber für unseren Körper großartig. Sie werden in der Phytotherapie (der Fachbegriff für Pflanzenheilkunde oder Kräutermedizin) zur Verbesserung von Konzentration, Klarheit und Wachheit eingesetzt. Außerdem sind sie eine wichtige Zutat zur Verbesserung der körpereigenen Abwehr und bei körperlichen und geistigen Erschöpfungszuständen.

Wer einmal gute Erfahrungen mit heilsamen Pflanzen gemacht hat, bekommt meistens Freude daran, sich näher damit zu beschäftigen. Wir sollten die Wirkung allerdings auf keinen Fall unterschätzen. Deshalb ist es empfehlenswert, die Anwendung von Heilpflanzen in der Schwangerschaft und bei kleinen Kindern im Zweifelsfall mit dem Arzt, Heilpraktiker oder Apotheker abzustimmen.

Im Folgenden stelle ich dir Heilpflanzen vor, die du in deiner Umgebung finden oder problemlos bei Biofachhändlern bekommen kannst. Sie sind im Prinzip (manche mehr, manche weniger) für alle Zubereitungsformen geeignet, die du in diesem Buch findest, und du wirst sie auch in den Rezepten wiederentdecken. Es sind natürlich bei Weitem nicht alle, die es gibt, aber ein guter Ausgangspunkt für weitere Erkundungen im Reich der Heilpflanzen. Bitte lies aber unbedingt das Kapitel Hygiene, bevor du hinausgehst, um Wildkräuter zu sammeln.

Anis (links) © spline_x/Shutterstock.com
Sternanis (rechts) © Marcel Paschertz/Shutterstock.com

Birkenblätter © domnitsky/Shutterstock.com

Beifuß © emberiza/Shutterstock.com

Birkenrinde © SeDmi/Shutterstock.com

Anis (*Pimpinella anisum*) und Sternanis (*Illicium verum*)

Verwendung für Rezepte in diesem Buch: Anis und Sternanis für Tee, Oxymel, Fire Cider und Tinkturen. Verwendet werden die reifen und getrockneten Früchte.
Wirkung: Fördert Schleimlösung bei Atemwegserkrankungen, krampflösend bei Magen-Darm-Beschwerden.
Bitte beachten: Allergische Reaktionen möglich, nicht über mehrere Wochen einnehmen.

Beifuß (*Artemisia vulgaris*)

Verwendung für Rezepte in diesem Buch: Beifuß ist im Grunde für alle Zubereitungsformen in diesem Buch geeignet. Die Blätter sind allerdings ziemlich bitter, sodass eine Kombination mit süßlichen Aromen (zum Beispiel Süßholzwurzel), aber auch Orange und Zitrone die Bitterkeit etwas abfedert. In einer Zweitfermentation von Wasserkefir mit Orange kann man einen alkoholfreien Aperitif herstellen.
Wirkung: Beruhigend, entspannend, durchblutungsfördernd, krampflösend, verdauungsanregend.
Bitte beachten: Da Beifuß auch eine wehenfördernde Wirkung haben kann, sollte das Heilkraut nicht in der Schwangerschaft angewendet werden. Aufgrund des hohen Thujon-Gehalts sollte das Kraut nicht in großen Mengen konsumiert werden.

Birke (*Betula*, z. B. *B. pendula*)

Verwendung für Rezepte in diesem Buch: Frische junge Birkenblätter kann man für einen Tee trocknen, aber auch eine Tinktur damit ansetzen. Tee aus Birkenrinde ist ebenfalls reinigend und entschlackend, also ideal als Unterstützer beim Frühjahrsputz des Körpers.
Wirkung: Harntreibend, durchspülend, blutreinigend.
Bitte beachten: Bei Herz- oder Nierenproblemen auf keinen Fall Birkentee trinken oder die Tinktur einnehmen. Viel Wasser trinken, um das Durchspülen zu unterstützen.

Brennnessel © Scisetti Alfio/Shutterstock.com

Eiche (Rinde und Blätter) © Dionisvera/Shutterstock.com

Brennnessel *(Urtica dioica)*

Verwendung für Rezepte in diesem Buch: Eigentlich soll die Brennnessel ja immer weg. Zumindest Gärtner sehen das so. Wer aber einmal erkannt hat, wie gesund Brennnesseln sind, wird sie nicht mehr missen wollen. Am besten erntet man die frischen Triebspitzen in der Zeit zwischen März und Juli. Man kann sie sogar als Gemüse dünsten, in diesem Buch kommen sie aber in den Tee und in Tinkturen zu ihrem Recht. Die Samen kann man am besten im frühen Herbst ernten. Ich ziehe dabei Handschuhe an und schneide die gereiften Samenstände mit der Schere ab. Ein einfacher Kaltauszug (über Nacht im Wasser) versorgt dich gleich am nächsten Tag mit Vitalstoffen.
Wirkung: Die Blätter wirken schmerzstillend und entzündungshemmend. Auch ein harntreibender Effekt ist spürbar, was zwar lästig sein kann, sich jedoch positiv auf die Nieren auswirkt. Die ziemlich kleinen Samen sind eine vegane Proteinquelle mit Power für zwei, denn sie enthalten 40 Prozent mehr Eiweiß als andere pflanzliche Proteinquellen. Man kann sie am besten im Mixer zerkleinern und das Pulver verwenden. Wichtig ist, dass sie vorher gut trocknen können, damit sie nicht schimmeln.
Bitte beachten: Aufgrund der entwässernden und harntreibenden Wirkung der Brennnessel ist es wichtig, zusätzlich viel Wasser zu trinken, damit Nieren und Harnwege gut durchgespült werden. Wer allerdings wegen einer eingeschränkten Herz- oder Nierenfunktion Wasseransammlungen im Körper hat, darf die Brennnessel nicht anwenden.

Eiche *(Quercus, z. B. Q. robur)*

Verwendung für Rezepte in diesem Buch: Eichenrinde kann man etwa in einer Tinktur verwenden, die man bei Schleimhautentzündungen im Mund auftragen kann, die aber bei äußerlicher Anwendung juckreizstillend wirken kann. Die enthaltenen Gerbstoffe wirken zusammenziehend. Eichenrindentee eignet sich auch zum Gurgeln bei Halsschmerzen oder Zahnfleischproblemen. Äußerlich für die Förderung der Wundheilung.
Wirkung: Entzündungshemmend, zusammenziehend, juckreizstillend.
Bitte beachten: Nicht länger als zwei bis drei Wochen äußerlich anwenden, da die Haut durch den austrocknenden Effekt der Eichenrinde ledrig werden kann.

Fenchel *(Foeniculum vulgare)*

Verwendung für Rezepte in diesem Buch: Die reifen Früchte des Fenchels, die im Sommer nach der Blüte geerntet werden, eignen sich am besten als Bestandteil einer Teemischung (zum Beispiel in Kombination mit Anis und Kümmel), die nach dem Essen getrunken werden kann.
Wirkung: Verdauungsfördernd und krampflösend.

Fenchel
© Nadya Shatrova/Shutterstock.com

Frauenmantel © Scisetti Alfio/Shutterstock.com

Gänsefingerkraut © 13Smile/Shutterstock.com

Frauenmantel (*Alchemilla vulgaris*)

Verwendung für Rezepte in diesem Buch: Die rasch wachsende Heilpflanze macht ihrem Namen alle Ehre, denn sie hilft, zusammen mit anderen „Frauenkräutern" wie Schafgarbe, Salbei und Kamille, unter anderem bei Menstruations- und Wechseljahresbeschwerden. Alle vier sind deshalb auch im Oxymel Wild Woman enthalten. Frauenmantel kann als Tee auch bei Halsschmerzen oder Durchfall eingesetzt werden.
Wirkung: Zusammenziehend, antibakteriell, krampflösend und entzündungshemmend.

Gänseblümchen (*Bellis perennis*)

Verwendung für Rezepte in diesem Buch: Die hübschen kleinen Wiesenblüher sind mit Löwenzahn, Schafgarbe und Kamille verwandt. Blüten und Blätter werden getrocknet und zieren Teemischungen, Oxymels und als Verzierung gern auch ein Glas Wasserkefir. Eine Gänseblümchentinktur ist innerlich und äußerlich (Wundbehandlung) anwendbar.
Wirkung: Schleimlösend, verdauungsanregend, blutreinigend, ausgleichend.

Gänseblümchen
© Irina Fischer/Shutterstock.com

Gänsefingerkraut (*Potentilla anserina*)

Verwendung für Rezepte in diesem Buch: Gänsefingerkraut kann als ganzes Kraut am besten vor der Blüte geerntet und getrocknet werden. Es kann als Kaltauszug, Tee, in Oxymels und Tinkturen verwendet werden.
Wirkung: Entspannend, krampflösend, entzündungshemmend. Hilfreich bei Menstruationsbeschwerden, Spannungskopfschmerz, Husten, Durchfall und Zahnfleischentzündungen.
Bitte beachten: Wer einen empfindlichen Magen hat, sollte mit Gänsefingerkraut aufpassen. Wenn der Durchfall bei Erwachsenen länger andauert, unbedingt einen Arzt aufsuchen. Babys und Kleinkinder mit Durchfall sollten in jedem Fall gleich zum Kinderarzt, weil die Gefahr der Austrocknung besteht.

Gundermann (*Glechoma hederacea*)

Verwendung für Rezepte in diesem Buch: Vom Gundermann werden im Frühjahr die grünen Triebe verwendet. Am besten kann man damit einen Kaltauszug (über Nacht in kaltem Wasser bei Zimmertemperatur) oder einen Tee zubereiten. Auch eine Tinktur kann mit dieser unscheinbaren, aber wirkungsvollen Heilpflanze angesetzt werden. Diese sollte etwa zwei Wochen ziehen, wenn sie mit frischen Pflanzen aufgegossen wurde.
Wirkung: Gundermann regt den Stoffwechsel an, ist entzündungshemmend und hilft äußerlich auch bei der Wundheilung (sowohl Tee als auch Tinktur können

Gundermann © Kazakov Maksim/Shutterstock.com

äußerlich angewandt werden). Das kleine Frühlingskraut eignet sich für Detox-Anwendungen, wenn man den Körper reinigen und abnehmen möchte.

Hafer (*Avena sativa*)

Verwendung für Rezepte in diesem Buch: Wir verwenden die noch grünen Früchte des unreifen Hafers und klein geschnittene Teile der gesamten Ähre vor allem als Tee, jedoch auch in einer Vitaltinktur. Als Bestandteil eines ausgleichenden Oxymels ist grüner Hafer ebenfalls bestens geeignet.
Wirkung: Hafer ist für seine stärkende, ausgleichende und beruhigende Wirkung bekannt und hilft äußerlich angewandt auch gegen Juckreiz (Auflage mit Tinktur oder Tee verwenden). Außerdem reinigend und entschlackend als guter Begleiter bei Detox-Kuren.

Hafer © Evikka/Shutterstock.com

Heckenrose/Hundsrose (*Rosa canina*)

Verwendung für Rezepte in diesem Buch: Wir verwenden die Früchte (siehe auch Früchte und Gemüse), die im Herbst vor dem ersten Frost geerntet werden. Erst die Knospen und später die Blütenblätter dieser vielseitigen Pflanze können ebenfalls frisch oder getrocknet im Tee, als Zugabe für Wasserkefir, Kombucha und Sommerlimonaden oder als Rosenknospentinktur für die Einnahme bei Halsschmerzen und Mandelentzündungen verwendet werden.
Wirkung: Der hohe Vitamin-C-Gehalt ist den Hagebutten zuzuschreiben (siehe dort). Die Blütenknospen und die Blütenblätter werden vor allem wegen ihres angenehmen Aromas genutzt, das auch den Getränken in unseren Rezepten einen zarten Rosenhauch verleiht.

Heckenrose (Blätter und Blüten)
© Es75/Shutterstock.com

Hopfen (*Humulus lupulus*)

Verwendung für Rezepte in diesem Buch: Hopfen ist in einem Rezept für ein beruhigendes Oxymel enthalten und kann für Teemischungen verwendet werden. Der Geschmack ist recht herb, weshalb man mit anderen Kräutern (zum Beispiel Melisse und Linde) ausgleichen sollte, die eine ähnliche Wirkung haben.
Wirkung: Beruhigend, verdauungsfördernd, schlaffördernd, antibakteriell und appetitanregend.
Bitte beachten: Die schlaffördernde Wirkung der Hopfenblüten entfaltet sich erst nach etwa dreimonatiger Lagerungszeit. Die geringste Bitterstoffkonzentration in den Blüten erhält man durch schnelle Trocknung an einem warmen Ort ohne direkte Sonneneinstrahlung. Die schlaffördernde Wirkung kann die Fahrtüchtigkeit beeinflussen.
Begib dich deshalb nach dem Genuss von Hopfentee lieber nicht „on the road".

Hopfen
© Zhukov Oleg/Shutterstock.com

Johanniskraut © Scisetti Alfio/Shutterstock.com

Johanniskraut (*Hypericum perforatum*)

Verwendung für Rezepte in diesem Buch: Johanniskraut wird gern als Ölauszug für die Wundbehandlung verwendet, aber auch in Medikamenten, die bei Depressionen eingesetzt werden, soll es seine Wirkung zeigen. Man verwendet das Kraut, wenn es blüht, und kann es für Tee trocknen, in einer Tinktur, aber auch in einem Oxymel ansetzen.
Wirkung: Entzündungshemmend, beruhigend, ausgleichend bei Stimmungsschwankungen.
Bitte beachten: Johanniskraut beeinflusst den Hormonspiegel und kann deshalb einen Effekt auf die Wirkung der Antibabypille haben. Außerdem kann es den Effekt von Medikamenten, die die Blutgerinnung hemmen, blockieren.

Kamille (*Matricaria chamomilla*)

Verwendung für Rezepte in diesem Buch: Kamillenblüten, am besten morgens geerntet, duften herrlich und können im Prinzip in allen Zubereitungsformen eingesetzt werden. Ich finde allerdings, dass der etwas spezielle Geschmack besser zu Tee und Oxymels passt als zu Wasserkefir oder in eine Kräuterlimonade.

Kamille © Volkov/Shutterstock.com

Wirkung: Entzündungshemmend, krampflösend, beruhigend, antibakteriell.
Bitte beachten: Menschen mit einer Allergie gegen Korbblütler sollten keine Kamille verwenden.

Königskerze © spline_x/Shutterstock.com

Königskerze (*Verbascum, z. B. V. phlomoides*)

Verwendung für Rezepte in diesem Buch: Mitten im Sommer kann man sowohl Blüten als auch Blätter dieser majestätischen Heilpflanze ernten, die auch Windblumen-Königskerze oder Gewöhnliche Königskerze genannt wird. Man muss sie ziemlich lange trocken (etwa zwei Wochen), kann sie aber für einen spontanen Tee und eine sonnig strahlende Limonade auch frisch verwenden.
Wirkung: Die Königskerze wirkt schleimlösend und reizlindernd, was man sich vor allem bei Atemwegserkrankungen und Halsschmerzen zunutze machen kann.

Labkraut (*Galium, z. B. G. odoratum, G. verum*)

Verwendung für Rezepte in diesem Buch: Aus diesem Kraut kann man Sträuße binden und diese für ein bis zwei Wochen an einem schattigen Ort trocknen. Vor allem als Tee zu empfehlen. Einen direkten Verwandten des Labkrauts, den Waldmeister (*Galium odoratum*) verwenden wir zum Beispiel für ein schlafförderndes Oxymel-Rezept.
Wirkung: Harntreibend, wirksam bei Blasenproblemen, entkrampfend bei Magen-Darm-Beschwerden, äußerlich wirksam als Wundauflage.

Labkraut © spline_x/Shutterstock.com

Lavendel © Soho A Studio/Shutterstock.com

Lavendel (*Lavandula angustifolia*)

Verwendung für Rezepte in diesem Buch: Die frischen oder getrockneten Blüten und Blätter aus der Frühlings- und Sommerernte eignen sich für Kräutertees und in kleinen Mengen als Zugabe zu Oxymels und für die Zweifermentation von Wasserkefir. Lavendel kann auch solo oder mit anderen Kräutern Bestandteil einer beruhigenden Tinktur sein.
Wirkung: Beruhigend und schlaffördernd, krampflösend und entspannend bei innerer Unruhe, Schlafproblemen und Stress.
Bitte beachten: Lavendel duftet und schmeckt sehr stark. Kleine Mengen verwenden.

Linde (*Tilia, z. B. T. cordata, T. platyphyllos*)

Verwendung für Rezepte in diesem Buch: Die wunderschönen Lindenblüten werden an sonnigen Tagen geerntet und luftig getrocknet. Sie können für alle Zubereitungsformen in diesem Buch verwendet werden und eignen sich auch als zauberhafte Verzierung am Glasrand oder in Wasserkefir und Limonade.
Wirkung: Lindenblüten haben eine leicht beruhigende Wirkung und können deshalb zum Beispiel bei Spannungskopfschmerzen, Stress und zur Förderung des Einschlafens eingesetzt werden. Die enthaltenen Schleimstoffe wirken zudem hustenlösend.

Linde © anmbph/Shutterstock.com

Bitte beachten: Wegen der schweißtreibenden Wirkung von Lindenblüten sollte man diese nicht mit schweißhemmenden Heilpflanzen (zum Beispiel Salbei) kombinieren, wenn man eine der beiden Wirkungsweisen für sich nutzen will.

Löwenzahn © Le Do/Shutterstock.com

Löwenzahn (*Taraxacum officinale*)

Verwendung für Rezepte in diesem Buch: Blätter und Wurzeln vor der Blüte ernten und für Tee und Oxymels verwenden. Die Wurzeln eignen sich auch für eine starke Tinktur zur Unterstützung von Detox-Kuren. Die Blüten sind essbar und machen sich gut im Salat und auf dem Brot oder als Verzierung für eine sonnige Limonade.
Wirkung: Stoffwechselfördernd, harntreibend und appetitanregend, auch als Magentee und bei leichten Harnwegsinfektionen geeignet.
Bitte beachten: Nach der Blüte schmeckt Löwenzahn sehr bitter. Deckt man im Frühjahr eine Pflanze für ein paar Tage mit einem Blumentopf ab, bleiben die Blätter hellgrün oder sogar spargelweiß. Die Bitterstoffkonzentration ist dann gering.

Malve (*Malva sylvestris*)

Malve © Scisetti Alfio/Shutterstock.com

Verwendung für Rezepte in diesem Buch: Malvenblätter und -blüten sind Bestandteil von Teemischungen, sie können in der Zweitfermentation von Wasserkefir und als Oxymel-Zugabe verwendet werden. Mit einem lauwarmen Malventee kann man bei Reizungen im Mund- und Rachenraum gurgeln.
Wirkung: Reizmildernd, entzündungshemmend, zusammenziehend.

Melisse/Zitronenmelisse
(*Melissa officinalis*)

Verwendung für Rezepte in diesem Buch: Die frischen oder getrockneten Blätter dieses nach Zitrone duftenden Krauts können für alle Zubereitungsformen genutzt werden. Die relativ feinen Blätter müssen bei der Zweitfermentation von Wasserkefir oder Kombucha nach ein bis zwei Tagen entfernt werden, damit der frische Geschmack erhalten bleibt. Eine antivirale Tinktur, die nur mit frischer Melisse gemacht wird, braucht nicht länger als zwei Wochen zu ziehen.

Melisse © *mahirart/Shutterstock.com*

Wirkung: Antibakteriell und antiviral, beruhigend und krampflösend.

Pfefferminze (*Menta ×piperita*)

Von der Pfefferminze pflückt man die Blätter und verwendet sie frisch oder getrocknet. Die Blätter sollten allerdings nicht am Stiel trocknen, sie verlieren sonst an Aroma. Nach der Ernte kann man den Strauß leicht schütteln, sollte ihn aber lieber nicht waschen. Frisch und getrocknet für alle Zubereitungsformen in diesem Buch geeignet.

Pfefferminze
© *Dionisvera/Shutterstock.com*

Wirkung: Die Pfefferminze wirkt unter anderem krampflösend und antibakteriell, die enthaltenen Gerbstoffe schützen die Schleimhäute, weshalb Pfefferminze in den meisten Zahnpastasorten enthalten ist. Pfefferminze ist reich an Vitamin K, das die Knochen stärkt und über den Darm und das Blut in die Leber transportiert wird, wo mithilfe des Vitamins Blutgerinnungsfaktoren produziert werden.
Bitte beachten: Die starken ätherischen Öle in der Pfefferminze können zu Magenverstimmungen führen. Besonders empfindliche Menschen reagieren sogar mit Atemnot. Bei Babys, Kleinkindern und in der Schwangerschaft deshalb auf keinen Fall anwenden.

Ringelblume © *Tim UR/Shutterstock.com*

Ringelblume (*Calendula officinalis*)

Verwendung für Rezepte in diesem Buch: Von der Ringelblume werden nur die Blütenblätter verwendet. Diese kommen äußerlich in Ölauszügen zum Einsatz, können aber auch als Tee getrunken werden, der das Immunsystem anregt. Bei Halsschmerzen kann man mit Ringelblumentee gurgeln. Für die Zweitfermentation von Wasserkefir und Kombucha eignen sie sich weniger.
Wirkung: Keimtötend, entzündungshemmend, regt das Immunsystem an.

Rosmarin (*Salvia rosmarinus*)

Verwendung für Rezepte in diesem Buch: Diese mediterrane Würz- und Heilpflanze wird aufgrund seiner reinigenden Wirkung auch als Weihrauchkraut bezeichnet und genutzt. In den Rezepten in diesem Buch wird Rosmarin bei der Zweitfermentation von Wasserkefir, in Kräutertees und zur Herstellung einer antiviralen Tinktur verwendet. Als Würzkraut und Tee verwendet man nur die nadelartigen Blätter des Rosmarins, wir nutzen aber auch den Stängel als eine Art Cocktailstick, zum Beispiel im Wasserkefir. Ohne Nadeln eignen sie sich übrigens auch als Spieße für ein vegetarisch-veganes BBQ. Das aufgespießte Gemüse,

Rosmarin © *nortongo/Shutterstock.com*

Seitanbällchen und andere Köstlichkeiten bekommen dadurch ein leichtes Rosmarin-Aroma.
Wirkung: Der Rosmarin ist ein Tausendsassa. Das Kraut wirkt anregend und kann niedrigen Blutdruck in Schwung bringen, deshalb bei hohem Blutdruck ein wenig aufpassen. Rosmarin kann Menstruationskrämpfe lindern und zusammen mit Salbei in den Wechseljahren helfen, schweißtreibende Momente zu reduzieren, und insgesamt ausgleichend auf das Nervenkostüm wirken. Äußerlich hilft der Rosmarin in einem milden Öl oder als Tinktur bei Hautproblemen, Insektenstichen und Muskelschmerzen.
Bitte beachten: Im Rosmarin ist genau wie im Beifuß, Salbei und im Thymian das sogenannte Thujon enthalten. Es kann bei übermäßigem Verzehr zu Magen-Darm-Beschwerden, Kopfschmerzen und Blasenproblemen führen. Man muss aber ziemlich viel davon verwenden, bis diese Nebenwirkungen eintreten. Die Höchstmenge liegt bei 6 Milligramm pro Tag, das entspricht ungefähr vier Teelöffeln voll mit Rosmarinblättchen (bei frischem Rosmarin gehäuft, bei getrocknetem Rosmarin gestrichen). In den Rezepten wird so wenig Rosmarin verwendet, dass man problemlos einen Liter Wasserkefir, vier Tassen Rosmarintee oder mehrere Notfallportionen der antiviralen Tinktur einnehmen kann. Nur nicht alles gleichzeitig. Schwangere sollten Rosmarin gar nicht oder nur in kleinen Mengen zu sich nehmen, denn der anregende Effekt kann unter Umständen wehenfördernd wirken.

Spitzwegerich (*Plantago lanceolata*)

Verwendung für Rezepte in diesem Buch: Die Blätter dieser unkomplizierten Wildpflanze werden frisch oder getrocknet verwendet. Sie eignen sich für alle Zubereitungsformen in diesem Buch, kommen aber besonders in Oxymels und Tee zum Einsatz. Mit einem Kaltauszug kann man bei Halsschmerzen auch gurgeln.

Spitzwegerich *© Gummy Bear/Shutterstock.com*

Wirkung: Schleimlösend, entzündungshemmend, juckreizstillend (hilft frisch im Mörser zerrieben und auf Insektenstiche aufgetragen und ist angenehm kühlend).

Salbei (*Salvia officinalis*)

Verwendung für Rezepte in diesem Buch: Frische und getrocknete Salbeiblätter für Tee, Tinkturen und in kleinen Mengen als Zugabe für Oxymels und Fire Cider. Wer herbe Limonade liebt, kann auch dafür Salbei verwenden.
Wirkung: Schweißhemmend, entzündungshemmend, krampflösend, antiviral.
Bei Erkältungen, Zahnfleischentzündungen, Wechseljahresbeschwerden sowie zur Verdauungsförderung.
Bitte beachten: Im Salbei (genau wie im Beifuß, Rosmarin und Thymian) ist Thujon enthalten, das bei übermäßigem Verzehr zu Magen-Darm-Beschwerden, Kopfschmerzen und Blasenproblemen führen kann.

Salbei *© AmyLv/Shutterstock.com*

Schafgarbe (*Achillea millefolium*)

Verwendung für Rezepte In diesem Buch: Schafgarbe passt in Teemischungen und Oxymels, kann aber auch als Extrazutat im Fire Cider verwendet werden. Auch ein Kaltauszug aus Schafgarbenkraut und Blüten schmeckt gut

Schafgarbe *© Olhastock/Shutterstock.com*

Thymian © *spline_x/Shutterstock.com*

Weide © *shansh23/Shutterstock.com*

und ist gesund. Schafgarbe ist ein leckerer Bestandteil für den Kräutermix in der grünen Sommerlimonade. Mit einer Schafgarbentinktur in der Hausapotheke hat man immer ein ideales Mittel parat, das krampflösend wirkt.
Wirkung: Hilfreich bei Menstruationsbeschwerden, krampflösend, entzündungshemmend, antibakteriell.
Bitte beachten: Menschen mit empfindlicher Haut reagieren manchmal auf den Pflanzensaft der Schafgarbe. Deshalb lieber mit einem Kräutermesser abschneiden.

Thymian (*Thymus vulgaris*)

Verwendung für Rezepte in diesem Buch: Thymian, der auch Quendel genannt wird, kann das ganze Jahr über geerntet werden und ist neben seiner Aufgabe als Würzkraut in der Küche bekannt für den Einsatz bei Erkältungskrankheiten. Zitronenthymian eignet sich besonders gut für vielfältige Rezepte in diesem Buch. Er hat ein frisches, zitroniges Aroma und ist im Gegensatz zum gewöhnlichen Thymian auch eher mild.
Wirkung: Das im Thymian enthaltene Thymol ist der Wirkstoff, der bei Atemwegsproblemen, aber auch im Falle von Magenverstimmungen und Krämpfen gute Dienste leisten kann. Seine antivirale Eigenschaft bringt ihn in eine wichtige immunstärkende Tinktur, die du im entsprechenden Kapitel findest. Außerdem gibt es ein Oxymel- und ein Teerezept, die beide bei Erkältungskrankheiten eingesetzt werden können und deshalb Thymian enthalten.
Bitte beachten: Im Thymian ist genau wie im Salbei und im Rosmarin Thujon enthalten, das bei übermäßigem Verzehr zu Magen-Darm-Beschwerden, Kopfschmerzen und Blasenproblemen führen kann. Man muss aber ziemlich viel davon verwenden, bis diese Nebenwirkungen eintreten. Die Höchstmenge liegt bei 6 Milligramm pro Tag, das entspricht ungefähr vier Teelöffeln voll mit Thymianblättchen (bei frischem Thymian gehäuft, bei getrocknetem Thymian gestrichen). In den Rezepten wird so wenig Thymian verwendet, dass man problemlos einen Liter Wasserkefir, vier Tassen Thymiantee oder mehrere Notfallportionen der antiviralen Tinktur einnehmen kann. Nur lieber nicht alles auf einmal.

Weide (*Salix*, z. B. *S. alba*)

Verwendung für Rezepte in diesem Buch: Getrocknete Weidenrinde eignet sich für Kaltauszüge (eine Nacht bei Zimmertemperatur stehen lassen), Solotee und Teemischungen sowie für Tinkturen. Man verwendet die Rinde von Zweigen, die zwei bis drei Jahre alt sind.
Wirkung: Die Salicylsäure der Weidenrinde ist Grundlage von Kopfschmerzmedikamenten. Man macht sich die fiebersenkende und schmerzstillende Wirkung zunutze. Weidenrinde ist außerdem entzündungshemmend.

Bei diesen Heilpflanzen ist Vorsicht geboten

Ginkgo, weil sich die schädlichen Ginkgolsäuren im Tee, im Oxymel oder in der Tinktur lösen. Nur hochwertige Extrakte aus der Apotheke verwenden.

Arnika nur äußerlich oder in homöopathischen Dosen benutzen. Bei innerlicher Anwendung können zum Teil schwere Nebenwirkungen auftreten.

Baldrian vermindert die Verkehrstüchtigkeit für ein bis zwei Stunden nach dem Genuss.

Johanniskraut kann die Wirkung der Pille und gerinnungshemmender Medikamente schwächen.

Weil auch andere Heilpflanzen Wechselwirkungen mit chemischen Medikamenten haben können, sollte sicherheitshalber der Arzt oder Apotheker befragt werden.

Heilpflanzen richtig trocknen

In idyllischen Scheunen hängende Kräuterbüschel sind dekorativ und verströmen ihren Duft im Raum. Trotzdem ist das Zusammenbinden und Über-Kopf-Trocknen nicht für alle Kräuter geeignet. Wer seine Kräuter für Tee und andere Getränke trocknen will, sollte deshalb einige grundsätzliche Hinweise beachten. Pflanzenwirkstoffe und ätherische Öle sind mitunter sehr flüchtig, und es wäre schade, wenn sie beim Trocknungsprozess verloren gingen.

Die verschiedenen Lagen dieses einfachen Kräutertrockners lassen sich leicht abnehmen, mit neuen Kräutern bestücken und umsetzen.

Die Kräuter werden auf dem Netz des Kräutertrockners gleichmäßig verteilt. Wichtig ist, dass sie nicht aufeinanderliegen, damit kein Schimmel entsteht.

Wenn die Kräuter nicht schmutzig sind, sollte das Waschen unbedingt vermieden werden, weil es sonst zu Schimmelbildung kommen kann. Kleine Mitbewohner sollten die Gelegenheit bekommen, das Weite zu suchen. Mit freundlichem Schütteln kann man ihnen unmissverständlich klarmachen, dass sie im Tee und im Wasserkefir nicht erwünscht sind.

Grundsätzlich gilt, dass feinere Kräuter, wie zum Beispiel die Blätter der Zitronenmelisse, der Minze oder der Brennnessel, empfindlicher sind als kräftige Thymian- und Rosmarinstängel oder Schachtelhalm. Letztere können in nicht zu dicken Büscheln tatsächlich in einem gut durchlüfteten Raum aufgehängt werden und dort etwa eine Woche trocknen. Zarte Blättchen oder frische Triebe kann man besser auf ein mit Küchenpapier ausgelegtes Tablett legen oder in einem Trockenständer trocknen lassen. Bei einem Trockenständer sind die Kräuter gut belüftet, auf einem Tablett oder Teller müssen sie hin und wieder bewegt oder gewendet werden, damit sie von allen Seiten gut trocknen. Wenn sie rascheln oder knistern, sind sie ausreichend trocken.

Backofen oder Dörrautomat halte ich für das Trocknen von Kräutern für ungeeignet. Selbst bei sehr niedrigen Temperaturen trocknen die Kräuter zu schnell und verlieren ihr Aroma, der Wirkstoffgehalt nimmt ab. Sie riechen dann wie muffiges Heu oder sogar leicht verbrannt.

Meine Empfehlung ist, die Kräuter nach dem Trocknen noch nicht in fest verschlossene Gefäße zu geben. Ich bewahre meine selbst getrockneten Kräuter immer in Butterbrottüten aus Papier auf. Sie kosten fast nichts, man kann sie leicht beschriften und mit einer Wäscheklammer verschließen. In einem Korb in der Vorratskammer stehen sie dunkel und bleiben in den Tüten frisch. Erst wenn ich eine Teemischung zusammenstelle, fülle ich sie in ein schönes Glas, das ich dann im Küchenschrank aufbewahre.

Früchte und Gemüse

Früchte und Gemüse sind unsere täglichen Begleiter, aber manche eignen sich besonders gut für die Verwendung in den Rezepten dieses Buches. Der Meerrettich zum Beispiel ist Star des Fire Ciders und Zitrusfrüchte machen Wasserkefir haltbar, frisch und lecker. Jeder weiß wahrscheinlich, dass die Zitrone viel Vitamin C enthält und die sekundären Pflanzenstoffe das Immunsystem stärken, wodurch Viren und Bakterien vom Organismus besser abgewehrt werden können. Von anderen Früchten, Beeren und Wurzeln wissen wir, dass sie lecker sind und Vitamine enthalten, eine spezielle Heilwirkung verbinden wir damit aber eher nicht. Zumindest ist es mir so gegangen, bis ich erfahren habe, dass auch in Obst und Gemüse viel mehr steckt, als zunächst gedacht. Geballte Pflanzenkraft eben!

Es sind nur einige aufgeführt, weil ich mich auf das konzentriere, was auch in den Rezepten verwendet wird.

Ananas (*Ananas comosus*)

Ananas enthält wichtige Spurenelemente (das sind Mineralstoffe, die körperliche Prozesse wie Verdauung und Sauerstofftransport im Blut möglich machen), wie Eisen, Kupfer, Zink und Mangan. Außerdem enthält die attraktive Frucht aus tropischen Regionen ein entzündungshemmendes Enzym namens Bromelain, das auch die Durchblutung fördert. Vor allem im wilden Ferment des mexikanischen Tepache-Rezepts ist Ananas der Grundstein für ein gelungenes, außergewöhnliches Getränk. Das Geheimnis sind Hefekulturen auf der Schale, die die Fermentation fördern.

Weitgereist, aber auch tropisch lecker. Hin und wieder eine Ananas aus biologischem Anbau und fairem Handel ist ein besonderer und nicht alltäglicher Genuss.

Hagebutten (*Rosa canina*)

Die roten Früchte der Hecken- oder Hundsrose (siehe auch Kapitel Heilkräuter) kann man am besten vor dem Trocknen entkernen und klein schneiden, um vom hohen Gehalt an Vitamin C und B zu profitieren. Sie eignen sich auch für einen Oxymel-Ansatz oder die Zweitfermentation des Wasserkefirs.

Brombeere (*Rubus fruticosus*)

Wer hätte gedacht, dass Brombeeren unter anderem dazu beitragen, dass man gut sehen kann? Das enthaltene Provitamin A wird vom Körper umgewandelt und ist unter anderem für den Sehprozess erforderlich. Die Brombeerblätter enthalten Gerbstoffe, die bei Durchfall und Entzündungen der Schleimhaut helfen. In Kräuterteemischungen sorgen die etwas sperrigen Blätter dafür, dass die kleineren Bestandteile nicht nach unten rieseln.

Chili (*Capsicum annuum*)

Die kleinen scharfen Früchte enthalten je nach Sorte mehr oder weniger des Schärfestoffs Capsaicin. Dieser gibt den Getränken eine scharfe, würzige Note und regt den Stoffwechsel an. Chilis wirken außerdem antibakteriell und entzündungshemmend. Ihr Vitamin-C-Gehalt ist bedeutend höher als bei Zitronen, und das will was heißen, denn auch die gelben Zitrusfrüchte sind wichtige Lieferanten des wichtigen Vitamins.

Chilis enthalten mehr Vitamin C als Zitronen und sorgen in Getränken für eine feurige Note. Wer es weniger scharf mag, nimmt lieber die milderen Sorten.

Für diesen Zweck reicht es auch, wenn man sie mit einem scharfen Messer rundum leicht anritzt. Der Wirkstoff Lykopin (an den roten Pflanzenfarbstoff besonders von Tomaten und Hagebutten gebunden) zeigte in einer Studie seinen positiven Einfluss auf eine Verbesserung der Gefäßwandstruktur bei Patienten mit Herz-Kreislauf-Erkrankungen. Der etwas herbe Geschmack wird vor allem in Kombination mit Orangen und Äpfeln ausgeglichen.

Himbeere (*Rubus idaeus*)

Himbeere

© Artem Kutsenko/Shutterstock.com

Lecker, süß und sehr gesund sind diese kleinen starken Vitaminbömbchen. Genau wie die Brombeeren enthalten sie Provitamin A, aber auch Vitamin B und jede Menge Vitamin C. Der Eisengehalt ist erstaunlich hoch und zusammen mit dem Vitamin C für den Körper besonders gut verwertbar.

Schwarzer Holunder (*Sambucus nigra*)

Holunder wird unter anderem zur Linderung bei Erkältungskrankheiten eingesetzt. Es werden Blüten und Früchte verwendet, die frisch oder getrocknet zum Einsatz kommen. Die Beeren zeichnen sich durch den tiefdunklen Farbstoff Sambucyanin aus, der zu den sogenannten Anthocyanen gehört. Das sind bioaktive Pflanzenstoffe, die Früchten (und Blüten) eine intensiv blaue oder violette Färbung verleihen. Sie haben eine positive Wirkung auf die Gesundheit der Venen und Blutgefäße. Man muss Holunder allerdings vertragen können, denn der vor allem in den rohen reifen Beeren enthaltene leicht giftige

Holunderblüten

© domnitsky/Shutterstock.com

Holunderbeeren

© domnitsky/Shutterstock.com

Stoff Sambunigrin kann im Körper Blausäure freisetzen. Bei empfindlichen Menschen kann dadurch starke Übelkeit und Erbrechen hervorgerufen werden. Erhitzt man die Beeren, wird die giftige Wirkung abgeschwächt. Die Rinde des Holunders kann für einen harntreibenden Tee verwendet werden.

Knoblauch (*Allium sativum*)

Knoblauch ist nicht nur stark in Geruch und Geschmack. Die tolle Knolle hilft sogar, wenn Erkältung oder gar Grippe sich schon durchsetzen konnten. Knoblauch ist eine kleine Kraftknolle. Die Pflanzenwirkstoffe Allicin und Ajoen wirken blutdrucksenkend, antiviral, antibakteriell und verhindern Pilzbefall. Knoblauch wird auch als natürliches Antibiotikum bezeichnet. Im Oxymel und auf Wunsch im Fire Cider kann Knoblauch unter anderem helfen, Erkältungen vorzubeugen und den Blutkreislauf zu unterstützen.

Meerrettich (*Armoracia rusticana*)

Meerrettich, auch Kren genannt, ist ein scharfer Alleskönner, der gern für Soßen und Dips genutzt wird. Seine Heilwirkung ist vor allem auf die enthaltenen Senföle zurückzuführen, die das Wachstum von Keimen hemmen und Krankheitserreger eliminieren können. Sie werden deshalb auch als pflanzliche Antibiotika bezeichnet.

Meerrettich ist in diesem Buch das Herzstück des Fire Ciders, bei dem die Wurzel des Meerrettichs zusammen mit anderen wirksamen Zutaten in Apfelessig eingelegt und später mit Honig gemischt wird. Das Rezept findest du im Kapitel über Oxymels.

Die langen Wurzeln werden erst im Winter geerntet, können aber das ganze Jahr über kühl und dunkel gelagert werden. Sie dürfen dabei nicht feucht werden, deshalb ist der Kühlschrank weniger gut geeignet. Ich wasche sie erst, bevor ich sie verwende. Eine Bezugsquelle für hochwertigen Biomeerrettich findest du im Anhang.

Die Wurzeln der Meerrettichpflanze werden nur in den Wintermonaten geerntet, können aber das ganze Jahr über gelagert werden. Sie werden hier flankiert von kleinen Kurkumawurzeln und urigen Ingwerknollen.

Zubereitungsformen

Pflanzenauszüge sind das Grundthema dieses Buches, denn sie helfen dir das Beste aus Kräutern, Früchten, Gemüsen, Wurzeln und Gewürzen herauszuholen. Die verschiedenen Zubereitungsformen sind die leckeren Trägersubstanzen, mit denen du dann all das Gute auf eine besonders schmackhafte Weise zu dir nimmst. Je nachdem was dir besonders zusagt, kannst du genau die Zubereitungsform wählen, die zu dir passt. Alles ist möglich: Abhängig von Tagesform, Lust und Laune wählst du vielleicht morgens einen Powershot aus deinem Fire-Cider-Glas, während der Arbeit ein gesundes Oxymel, vermischt mit Sprudel- oder Leitungswasser, vor dem Abendessen einen leckeren Aperitif, wie das mexikanische Tepache, dann den passenden Wasserkefir zu dem Gericht, das es gibt, und später einen entspannenden Tee vor dem Einschlafen. Du kannst sicher sein, dass alle Getränke etwas mitbringen, was dir gut tut und mit dafür sorgt, dass dein Flüssigkeitshaushalt auf gesunde Weise ausgeglichen wird. Genug warmes oder kaltes Wasser zusätzlich deckt den Tagesbedarf und spült deine Nieren gut durch. Falls du dich mal nicht so fit fühlen solltest, kann eine selbst gemachte Tinktur dir helfen, den Angriff rechtzeitig abzuwehren oder schnell wieder auf die Beine zu kommen.
Im Folgenden habe ich die in diesem Buch vorgestellten Zubereitungsformen kurz aufgeführt und erklärt, die genaue Herstellung erfährst du in den entsprechenden Kapiteln.

Oxymel

Aus Essig, Honig (oder einer veganen Alternative) und Zusätzen aus Kräutern, Früchten, Wurzeln und Gewürzen wird in zwei bis vier Wochen eine gesunde und leckere sirupartige Flüssigkeit, die man pur oder mit Wasser vermischt zu sich nehmen kann. Die Rezepte sind so zusammengestellt, dass die beabsichtigte (Heil-)Wirkung damit erreicht werden kann.

Die verschiedenen Flaschen und Gläser mit den Ansätzen für Tepache, Wasserkefir, Kräuterlimonade und Kombucha können auf einer Fensterbank ohne direkte Sonneneinstrahlung stehen und sind dabei auch noch sehr dekorativ. Der Kombucha-Ansatz wird nach Fertigstellung mit einem Handtuch abgedeckt, denn er liebt es dunkel.

Wasserkefir

Beim Wasserkefir stehen Geschmack und Erfrischungseffekt im Vordergrund. Da es sich aber um ein fermentiertes Getränk handelt, bei dem die Zutaten mithilfe einer gesunden Bakterienkultur so umgewandelt werden, dass Vitamine, Mineralstoffe und gesunde Milchsäurebakterien entstehen, tust du dir und deinem Verdauungssystem auch mit Wasserkefir etwas Gutes.

Kombucha

Auch Kombucha entsteht durch Fermentation. Grundlage ist eine Hefekultur, bei der sich ein meist kreisrunder Pilz mit glatter Oberfläche bildet. Dieser wird zusammen mit schwarzem, grünem oder Kräutertee und anderen Zutaten fermentiert. Genau wie beim Wasserkefir kann man das Getränk in einer zweiten Fermentationsrunde weiterveredeln. Dabei kommen Kräuter, Beeren, Früchte und Gewürze zum Einsatz. Im Kapitel über Kombucha steht genau, wie das geht.

Tepache

Dieser mexikanische Frischekick darf in diesem Buch nicht fehlen. Das Getränk schmeckt je nach Zubereitungsart feurig süß oder mild würzig. Eine schöne duftende Ananas (mit Schale) ist das Herzstück dieses Getränks, mit dem man sich auch mitten im Winter den Sommer ins Haus holen kann.

Tee

Tee kennt jeder, aber bei Kräutertees greifen wir oft zu Fertigprodukten, obwohl es so einfach ist, sich sogar während eines Spaziergangs die Grundlagen für einen gesunden Tee zusammenzustellen. Wie das geht und worauf du dabei achten musst, steht im Kapitel über Tee. Außerdem lernst du die Geheimnisse der Teezubereitung je nach verwendeten Bestandteilen kennen, um die Teekräuter optimal nutzen und genießen zu können.

Tinkturen

Bei einer Tinktur wird der Heilpflanzenauszug mithilfe von Alkohol oder Essig in konzentrierter Form realisiert. So stehen die Wirkstoffe kombiniert oder solo genau dann zur Verfügung, wenn man sie braucht. Im Kapitel über Tinkturen erfährst du zum Beispiel, wie du dir leicht eine Tinktur herstellen kannst, die deinen Körper dabei unterstützt, Krankheitserreger erfolgreich abzuwehren.

Hygiene

Nicht nur während der Herstellung der Rezepte in diesem Buch gibt es einiges zu beachten, was die Hygiene betrifft, sondern auch schon vorher. Wenn du zu den Glücklichen gehörst, die ein Stückchen Natur vor der Haustür haben, dann wirst du viele Wildkräuter einfach draußen sammeln können. Dabei ist es aber nicht nur wichtig, das Richtige zu pflücken, sondern auch an einer Stelle zu sammeln, die keine verborgenen Gefahren mit

Bei der Herstellung aller Getränke unerlässlich: Hände waschen mit einer milden biologischen Seife und sorgfältiges Abtrocknen mit einem frischen Handtuch.

sich bringt. Eine gute Faustregel ist die Kniehöhe. Außer einem Irish Wolfhound pinkelt kein Hund so hoch und auch der Fuchsbandwurm bewegt sich eher auf dem Boden. Wildpflücken an viel befahrenen Straßen empfiehlt sich nicht, denn die Abgase hinterlassen auch bei den Pflanzen ihre Spuren. Und diese Rückstände will keiner in seinem Tee haben. Das ist auch der Grund, warum ich persönlich ausschließlich hochwertige Bioprodukte verwende. Bei Labels wie Demeter und Bioland weiß ich, dass die strengen Vorgaben dafür sorgen, dass möglichst keine Spuren von Unkraut- und Insektenvernichtungsmitteln in den Lebensmitteln zu finden sind. Achte deshalb darauf, dass du beim Wildpflücken nicht an Feldrändern sammelst, auf denen ebenfalls Spritzmittel landen.

Jetzt gehen wir mal davon aus, dass du nur gute Zutaten zu Hause hast, die du verarbeiten willst. Dabei ist es nicht so wichtig, ob du gerade Wasserkefir ansetzt, Meerrettich für Fire Cider schnippelst oder Kräuter für den Tee mischst. Bei allen Zubereitungsformen ist penible Sauberkeit unabdingbar, vor allem, damit dein gesundes Getränk oder deine Tinktur gelingt. Einiges gilt es immer zu beachten, manches nur bei bestimmten Handlungen, die ich genau erklären werde.

Wenn du Papier vermeiden willst, kannst du dir einen Berg alte T-Shirts zerschneiden, bei mindestens 60 Grad mit einem neutralen Waschmittel waschen und bei deinen Küchenaktionen als immer frische Tücher zum Abtrocknen deiner Hände benutzen. Anschließend wäschst du sie und hast für die nächste Runde wieder, was du brauchst.

Unbedingt sauber arbeiten

Eine der wichtigsten Dinge, die du immer wieder tun solltest, während du in der Küche arbeitest, ist das Händewaschen. Viele Zutaten müssen angefasst werden, und da ist es wichtig, dass sie nichts abkriegen, was dem Prozess schaden könnte. Verwende am besten einen Seifenspender mit einer biologischen unparfümierten Seife und wasche deine Hände möglichst mit warmem Wasser. Nimm dann ein frisches Handtuch zum Abtrocknen oder Küchenpapier oder ein Papierhandtuch. Ich bin auch nicht für einen immensen Papierverbrauch in der Küche, weiß aber auch, was mit den guten Produkten passieren kann, wenn man die Hygieneregeln nicht einhält.

Es klingt superpingelig, aber gesagt werden muss es: Deine Fingernägel sollten so kurz wie möglich und vor allem sauber sein, denn bekanntlich sammelt sich darunter alles Mögliche an, was Auswirkungen auf das Gelingen deiner Braukunst haben könnte.

Nun zu den Gläsern. Bei fast allen Rezepturen in diesem Buch ist nämlich irgendwie ein Glas beteiligt. Klein, mittel und groß, verschlossen mit einem Deckel oder abgedeckt mit einem Tuch. Alle Gläser, die zum Einsatz kommen, müssen vorher sterilisiert werden. Entweder legst du sie bei 110 Grad für etwa 15 Minuten in den Backofen oder du spülst sie mit mindestens 60 Grad heißem Wasser aus. Lasse das Wasser kurz im Glas stehen, bevor du es ausgießt, und achte darauf, dass du den Rand möglichst nicht berührst. Trockne das Glas nicht ab, sondern lasse es trocknen. Übe dich in Geduld, denn Wasser kann immer Schimmel verursachen, und das ist einer der größten Feinde bei der Herstellung von Pflanzenauszügen und fermentierten Getränken. Aus diesem Grund ziehe ich auch das Sterilisieren der Gläser im Ofen vor. Verwende Gläser, die das aushalten können, je dickwandiger, desto besser. Nimm die Gläser mit einem sauberen Handtuch aus dem Ofen und stelle sie zum Abkühlen auch auf ein Handtuch, damit sie nicht beim Kontakt mit einer kalten Oberfläche zerspringen. Befülle sie erst, wenn sie vollständig abgekühlt sind.

Alle anderen Küchengeräte sollten, nachdem man sie im ersten Durchgang heiß gespült hat, ebenfalls sterilisiert werden. Alles, was aus Edelstahl ist, legst du am besten in den Ofen, alles andere sterilisierst du in heißem Wasser. Verwende im zweiten Durchgang niemals Spülmittel, denn auch das darf nicht mit ins Glas.

Passiertücher sollten aus biologischer Baumwolle sein und nur mit unparfümiertem Waschmittel bei mindestens 60 Grad gewaschen werden. Das kann man auch wie zu Urgrossmutters Zeiten auf dem Herd in einem Topf machen. Du kannst dann auch geriebene Seife zum Waschen verwenden, aber auch diese sollte neutral sein. Jeder Geruch oder Geschmack kann nämlich sonst an das Getränk weitergegeben werden, und wer

Bei der Vorbereitung für ein Rezept stellt man am besten alles in sauberen Schälchen bereit.

will schon Wasserkefir mit Weichspülergeschmack? Ich selbst verwende aus Umweltschutzgründen niemals Weichspüler, außerdem liebe ich harte Frotteehandtücher. Wer es trotzdem weich haben möchte, gibt etwas Essig mit in die Wäsche. Der wiederum schadet auch den Tüchern nicht, die man bei der Herstellung von fermentierten Getränken verwendet.

Bleiben noch die Zutaten, die du natürlich nicht sterilisieren musst, aber trotzdem sauber verarbeiten solltest. Alles, was du verwendest, muss trocken sein, also frei von Wasser, das sich außen auf der Zutat befindet. Wasche Kräuter nur dann, wenn sie wirklich schmutzig sind. Ansonsten kannst du sie vor der Verarbeitung auf einem Tuch ausbreiten und allen eventuellen Mitbewohnern die Gelegenheit geben, sich vom Acker zu machen. Wobei das Essen von Insekten immer populärer wird, wer weiß, vielleicht gibt es ihn schon, den Insekten-Oxymel oder den Ameisen-Wasserkefir. Aber was mich betrifft, lieber nicht in diesem Buch. Also, ausbreiten, ausschütteln, abklopfen, und wenn es gar nicht anders geht, waschen. Meerrettich, Ingwer und andere widerstandsfähige Wurzeln, Früchte oder Gemüse kannst du mit einer sauberen Bürste reinigen. Wenn etwas zu erdig ist, dann kann es auch mit einem Schälmesser dünn geschält werden. Nimm nicht zu viel weg, denn häufig befinden sich die Wirkstoffe direkt unter der Schale, und es wäre schade, sie auf den Kompost statt ins Glas zu geben.

Hilfreich bei der Küchenhygiene ist es, erst alle Zutaten vorzubereiten und in sauberen Schälchen bereitzustellen. "Mise en place" nennt man das in der Gastronomie, was übersetzt „Bereitstellung" bedeutet und die Vorbereitung eines Arbeitsplatzes meint. Es macht Spaß, so zu arbeiten, und die Küche ist danach schnell wieder aufgeräumt.

Gar nicht so kompliziert, oder? Es ist leicht, sich ziemlich schnell an eine gute Küchenhygiene zu gewöhnen, und der Aufwand lohnt sich immer, denn bei optimaler Hygiene kann eigentlich nichts schiefgehen. Und wenn es doch passiert? Dann musst du tapfer sein und dich sofort von dem Inhalt des Glases trennen. Schimmel, übler Geruch, merkwürdige Verfärbung oder unkontrollierte Verrottung können gesundheitsschädlich sein und sollten komplett entsorgt werden. Nur die nicht erwünschte,

Auch beim Abfüllen der Elixiere, Tinkturen und Getränke muss man supersauber arbeiten. Deshalb tauche ich den Korken für den Fire Cider einmal kurz in 40-prozentigen Alkohol (ich nehme Wodka oder Whisky) und wische auch den Rand des Glases damit ab.

aber manchmal auftretende sogenannte Kahmhefe beim Wasserkefir oder Kombucha, kann mithilfe eines Küchenpapiers abgeschöpft oder sogar mitgetrunken werden. Sie entsteht, wenn zu viel Sauerstoff ins Glas kommt. Bei der Verwendung eines speziellen Deckels mit Gäraufsatz wirkst du der Entstehung von lästigen Hefen erfolgreich entgegen. Es ist nicht schwer, Schimmel und Kahmhefen voneinander zu unterscheiden, denn Schimmel ist flauschig und besteht immer aus kleinen haarigen Bündeln an der Oberfläche der Flüssigkeit oder der Zutat. Kahmhefe dagegen ist immer weiß bis rosa und hat keinerlei Härchen. Rühre die Flüssigkeit häufiger mit einem sauberen Löffel um, damit sie in Bewegung bleibt, denn auch das wirkt der Bildung von unerwünschten Hefen auf der Oberfläche entgegen. Bei den Tinkturen schütteln wir das Glas deshalb täglich.

Meistens geht es gut, manchmal auch nicht. In den meisten Fällen ist mangelnde Hygiene die Ursache. Deshalb ist es immer gut, noch einmal zu überdenken, an welcher Stelle unerwünschte Keime oder Kulturen in die Flüssigkeit gelangt sind. Dabei ist das Händewaschen mit möglichst heißem Wasser (immer wieder vor jedem neuen Schritt) eine der wichtigsten Handlungen. Wenn man Kräuter und Früchte anfasst, sollte man keine Seife und kein Desinfektionsmittel verwenden. Beides kann den Fermentationsprozess stören oder sogar verhindern. In der Tabelle unten habe ich zusammengefasst, was schiefgehen kann und was die Lösung ist (oder auch nicht).

Trouble Shooting

Problem	Mögliche Ursache	Lösung
Schimmel (pelzartiger Belag)	• Nasse Kräuter verwendet? Material nicht sterilisiert? • Zu lange gestanden?	Flüssigkeit, Teekräuter, fertiges Getränk müssen leider sofort entfernt werden. Schimmel kann giftig sein. Unbedingt alles neu sterilisieren und dann wieder ansetzen. Kulturen abspülen.
Kahmhefe (weißlicher, fadiger Belag)	• Zu viel Sauerstoffzufuhr. • Nicht hygienisch gearbeitet. • Früchte nicht heiß abgewaschen.	Sieht nicht schön aus, ist aber ungefährlich. Du kannst die Flüssigkeit nach dem Abgießen trotzdem trinken. Mache zur Sicherheit einen komplett neuen Ansatz und decke ihn mit einem Gäraufsatz oder einem dichteren Tuch ab.
Zu viel Kohlensäure (zum Beispiel beim Wasserkefir)	• Zu lange bei zu hohen Temperaturen fermentiert. • Zu viel Zucker verwendet.	Vorsichtig Druck ablassen. Immer dicke Flaschen verwenden, am besten mit Bügelverschluss.
Zu wenig Kohlensäure	• Zu wenig Zucker verwendet. • Nicht sauber gearbeitet (z. B. Spülmittelreste am Glas). • Kultur ist wenig aktiv (z. B. wenn sie eine Weile im Kühlschrank geruht hat).	Zucker oder ungeschwefelte Trockenfrüchte zugeben und ein bis zwei Tage extra stehen lassen. Etwas wärmeren Ort wählen.
Flüssigkeit riecht unangenehm	• Hygienisch gearbeitet? Zu lange fermentiert. • Obst war faul, bevor es in die Flüssigkeit gegeben wurde.	Vertraue immer deinem Geschmacks- und Geruchssinn. Lieber etwas wegwerfen als krank werden. Zubehör gründlich sterilisieren.

Das ist er, der fast ein bisschen magisch anmutende Fire Cider, ein kraftvoller Trunk mit vielen wertvollen Zutaten.

Zaubertrank aus Honig und Essig: Oxymel

Sauerhonig bedeutet dieses schöne griechische Wort und beides lasse ich mir gern auf der Zunge zergehen: Den Begriff Oxymel und das, was es ist, ein leckerer gesunder Sirup mit einer Basis aus hochwertigem Essig und kaltgeschleudertem Honig. Dabei steht Oxy für sauer und mel(i) für Honig. Gemischt mit Heilpflanzen, Früchten, Kräutern, Wurzeln, Blüten und Gewürzen wird nicht nur ein wertvoller Ausgangspunkt für köstliche Getränke kreiert, sondern auch eine natürliche Medizin für die kleinen Probleme des Alltags. In diesem Kapitel zeige ich dir die Welt des Oxymels, damit du sie für dich entdecken und nutzen kannst.

Was ist Oxymel und wie wirkt es?

Das, was hier so frisch und munter daherkommt, gibt es schon seit ewigen Zeiten. Schon vor 2500 Jahren erkannte man die Wirkungsweise des Zusammenspiels von Honig und Essig in Kombination mit einzelnen oder mehreren Zugaben aus der Pflanzenwelt. Galenos von Pergamon, neben Hippokrates der berühmteste Arzt der Antike, bezeichnete Oxymel als Medikament und nicht als Nahrungsmittel. Die Rezepte, die ich für dieses Buch ausgesucht habe, sind beides.

Es gibt Beispiele für Sauerhonig, der dem Körper helfen soll, ein bestimmtes Symptom zu bekämpfen, aber auch Zusammenstellungen für jeden Tag, bei denen der durstlöschende und wohltuende Geschmack im Vordergrund steht. Fest steht, dass Oxymel in jeder Form gesund ist, denn die Hauptzutaten Honig und Essig sind einzeln und in Kombination wissenschaftlich erforscht und werden als Duo zu einem unschlagbaren Kraftpaket. Man hat nämlich festgestellt, dass die Wirkungsweisen der beiden Zutaten ähnlich sind und sich gegenseitig verstärken. Außerdem sind Honig und Essig in der Lage, den pflanzlichen Zutaten die Wirkstoffe zu entziehen, diese aufzunehmen und zu konservieren. Genau das macht man sich beim Oxymel zunutze, das, einmal hergestellt und abgefüllt, ein ganzes Jahr haltbar ist, wenn man es, gut verschlossen, kühl und dunkel aufbewahrt.

Die Gesundheitswirkung von Honig und Essig wird in zahlreichen Studien bestätigt. Interessant ist hier unter anderem der antibakterielle Effekt beider Flüssigkeiten, die damit in der Lage sind, Krankheitserreger auszubremsen. Eine sehr nützliche Folge der Einnahme ist für mich persönlich (und mit mir wahrscheinlich für viele andere) der positive Einfluss des Oxymels auf den Blutzuckerspiegel. Wenn ich unterwegs bin, habe ich immer eine Flasche Oxymel, gemischt mit Sprudelwasser, bei mir und kann dadurch mit wenigen Schlucken ein Blutzuckertief auffangen. Auf Fahrradtouren, Wanderungen, aber auch bei der Arbeit für mich inzwischen ein unverzichtbares Utensil. Wenn ich stattdessen ein Stück Schokolade esse, kann ich förmlich spüren, wie mein Blutzuckerspiegel nach einem kurzen und leckeren Hoch wieder so stark absinkt, dass das zweite Stück Schokolade unvermeidbar ist. Manchmal gar nicht so schlecht, aber lieber nicht jeden Tag. Oxymel ist durch diese Wirkungsweise auch ein wertvoller Begleiter bei Fasten- und Detox-Kuren.

Ein Oxymel wird mit Kräutern, Wurzeln und Blüten angesetzt, deren Wirkstoffe vom Essig aufgenommen werden.

Für alle, die sportlich unterwegs sind, ist ein selbst gemachtes und auf die persönlichen Bedürfnisse abgestimmtes Oxymel das ideale Getränk, weil es durch seine isotonische Wirkung den Mineralstoffhaushalt ausgleicht. Isotonisch bedeutet, dass das Getränk die gleiche Mineralstoffkonzentration wie unser Blut hat und damit schnell und effektiv dafür sorgen kann, dass der Körper leistungsfähig bleibt.
In der folgenden Übersicht findest du die wichtigsten Wirkungsweisen von Honig und Essig:

Wirkungsweisen von Honig und Essig

Stärkung der Immunabwehr
Fiebersenkend
Senkung LDL Cholesterin* Erhöhung HDL Cholesterin*
Blutdrucksenkend
Ausgleich des Blutzuckerspiegels
Leistungssteigernd
Wirksamkeit bei Atemwegserkrankungen (schleimlösend)
Förderung der Verdauung
Verlangsamt Alterungsprozesse durch Antioxidantien
Wundheilend

**LDL Cholesterin (low density lipoproteins) begünstigt Arterienverkalkung*
**HDL Cholesterin (high density lipoproteins) schützt vor Arterienverkalkung*

Es gibt sogar Studien, aus denen hervorgeht, dass sowohl Honig als auch Essig die Gedächtnisleistung verbessern und sich positiv bei Depressionen auswirken können. Wer also weiß, was diese einfach herzustellende Mixtur alles bewirken kann, wundert sich wahrscheinlich, dass nicht jeder ganz selbstverständlich mindestens ein Oxymel im Kühlschrank stehen hat. Bestimmt wirst du gleich beim ersten Schluck merken, welche angenehme Wirkung Oxymel als Getränk hat. Und wenn du es einmal geschafft hast, eine nahende Erkältung mit deiner selbst angesetzten Sauerhonigmischung zu vertreiben, ist es wahrscheinlich auch aus deiner Hausapotheke nicht mehr wegzudenken.

Alles, was man für die Herstellung eines Oxymels braucht, findet sich vermutlich in jeder Küche. Basis ist eine große Schale, in der gemischt und gerührt werden kann.

Herstellung

Es ist nicht schwierig, Oxymel selbst anzusetzen. Wenn du die im Kapitel Hygiene aufgeführten Regeln beachtest und sauber arbeitest, wirst du bald eine gute Grundlage für ein leckeres und gesundes Getränk im Haus haben.

Die Zutaten für den Oxymel-Ansatz werden in ein sterilisiertes Glas gegeben und mit naturtrübem Apfelessig aufgefüllt.

Das Grundprinzip ist einfach, die Zutaten werden im Apfelessig angesetzt und sofort oder später mit Honig vermischt. Das Ganze wird zwei bis vier Wochen lang täglich geschüttelt oder gerührt, ähnlich wie der Martini von James Bond. Die Dauer richtet sich nach der Löslichkeit der Sekundärstoffe in den eingelegten Kräutern, Heilpflanzen, Gemüsen, Früchten oder Gewürzen. Hier spielt auch die Flüssigkeit, in die man die Zutaten einlegt, eine große Rolle. Beim Oxymel trägt sowohl der Essig als auch der Honig zur Lösung der Pflanzenwirkstoffe bei.

Was aber kann man alles als Zutat verwenden?

Und was lieber nicht?

Schau dir die Pflanzenporträts und die Beschreibung der Früchte und Wurzeln in den vorherigen Kapiteln an. Im Prinzip kannst du alle erwähnten Zutaten für dein Oxymel verwenden, je nachdem, welche Wirkung du erreichen willst. Bei den unterschiedlichen Zutaten gibt es bezüglich des Umgangs einiges zu beachten.

Frische Gartenkräuter zum Beispiel werden erst leicht geschüttelt, und danach sollte man kleinen Bewohnern die Gelegenheit geben, das Kraut zu verlassen. Waschen empfiehlt sich nur im Ausnahmefall, da Wasser zu Schimmel führen kann und der wiederum würde dein schönes Oxymel zunichtemachen. Die frischen Kräuter werden grob zerkleinert und so in das Essig-Honig-Gemisch eingelegt, bis sie gut mit der Flüssigkeit bedeckt sind. Getrocknete Kräuter solltest du kurz im Mörser reiben, bevor du sie zuerst mit dem Essig übergießt und einweichen lässt und danach den Honig zugibst. Bei Wurzeln wird gern empfohlen, das Oxymel zu erhitzen, um die Extraktion zu beschleunigen. Ich erhitze Oxymels grundsätzlich nicht, um sicherzugehen, dass alle Vitamine und Mineralstoffe verfügbar bleiben. Holzige Pflanzenbestandteile wie Wurzeln oder Rinde zerkleinere ich mit einem scharfen Messer, bevor ich sie in das Oxymel einlege. So können an den noch nicht getrockneten Schnittflächen Inhaltsstoffe leichter gelöst werden. Da der Essiganteil in meinen Rezepten relativ hoch ist, können auch schwieriger lösbare Bestandteile bei einer längeren Standzeit gelöst werden. In den Rezepten findest du zahlreiche Vorschläge für leckere und gesunde Oxymels, bei denen du einzelne Zutaten, die du nicht magst oder nicht verträgst, mithilfe der Heilpflanzenporträts in diesem Buch austauschen kannst.

Hier ist Vorsicht geboten: Arnika hat eine überzeugende Heilwirkung, sollte aber nur äußerlich angewendet werden. Eine Einnahme kann zu schweren Nebenwirkungen führen, es sei denn, es handelt sich um eine starke Verdünnung in homöopathischer Dosis.

Das sollte auf keinen Fall in dein Oxymel:
Arnika ist für ihre äußerliche Heilwirkung bekannt, vor allem wenn es um die Versorgung von Wunden, Verstauchungen und Prellungen geht. Innerlich sollte Arnika dagegen nur von Experten in homöopathischen Verdünnungen gegeben werden, da sie ansonsten starke Schleimhautreizungen, Durchfall und schlimmstenfalls sogar die Lähmung des Herzmuskels verursachen kann.
Natürlich solltest du nichts in dein Oxymel tun, was du nicht kennst oder wovon du nicht weißt, ob du es verträgst. Außerdem gibt es Kräuter, von denen man nicht zu viel pro Tag zu sich nehmen sollte. Dazu gehören Beifuß, Salbei, Thymian und Rosmarin wegen des enthaltenen Thujons.

Im Kapitel über die Heilpflanzen erfährst du mehr darüber. Du müsstest allerdings sehr viel Oxymel trinken, bevor du den Grenzwert überschreitest. Und auch dann fällst du mit ziemlicher Sicherheit nicht tot um, sondern es wird dir wahrscheinlich nur ein bisschen flau im Magen.

Das darf alles in dein Oxymel:

Kräuter (z. B. Rosmarin, Thymian, Salbei, Fenchel, Spitzwegerich, Schafgarbe, Johanniskraut, Lavendel, Gundermann, Zitronenmelisse)

Blüten und Knospen (z. B. Lindenblüten, Gänseblümchen, Lavendelblüten, Rotkleeblüten, Rosenknospen, Fichtentriebe, Oreganoblüten, Schafgarbenblüten)

Blätter (z. B. Brombeerblätter, Himbeerblätter, Lindenblätter, Birkenblätter, Löwenzahnblätter, Gierschblätter, Pfefferminzblätter, Brennnesselblätter)

Beeren (z. B. Schlehen, Sanddorn, Hagebutten, Holunder, Himbeeren, Brombeeren)

Früchte (z. B. Orangen, Zitronen, Limetten, Feigen, Datteln)

Wurzeln (z. B. Engelwurz, Jiaogulanwurzel, Echinacea, Meerrettich, Baldrianwurzel)

Rinde (z. B. Weidenrinde, Birkenrinde)

Gewürze (z. B. Zimtstangen, Kardamomkapseln, Sternanis, Nelken)

Alles, was du brauchst

Neben den in den Rezepten beschriebenen Zutaten benötigst du noch folgende Dinge, die du bestimmt in deiner Küche oder deinem Vorratsschrank findest:

- ☐ 1 Glas mit Schraubdeckel für kleine Oxymels, das etwa 1,5 Liter Flüssigkeit fasst
- ☐ 1 Glas mit Schraubdeckel für große Oxymels und Fire Cider, das etwa 3 Liter Flüssigkeit fasst
- ☐ 1 große Schüssel zum Mischen, Rühren und Bereitstellen der Zutaten
- ☐ 1 Suppenkelle zum Abfüllen
- ☐ Trichter aus Edelstahl (Kunststoff könnte durch den Essig gelöst werden)
- ☐ 1 (langer) Löffel oder Schneebesen zum Umrühren
- ☐ 1 Marmeladenglas mit Schraubdeckel für medizinische Oxymels
- ☐ Hochwertiges Backpapier
- ☐ Haushaltsschere
- ☐ Schneidebrett und scharfes Messer
- ☐ Mörser (Holz, Granit oder Gusseisen)
- ☐ Sauberes Küchentuch
- ☐ Braune Flaschen mit Schraubverschluss zum Abfüllen des fertigen Oxymels
- ☐ Gläser, Trichter, Suppenkelle und Flaschen vorher sterilisieren (siehe Kapitel Hygiene).

Was man für die Oxymel-Herstellung benötigt, findet sich in nahezu jeder Küche.

Rezepte

In diesem Kapitel gibt es tolle Oxymel-Rezepte für alle Lebenslagen und einen Überblick über die wichtigsten Zutaten, die man für die Herstellung von Oxymels verwenden kann. Das hilft dir, genau das Oxymel zuzubereiten, das zu dir passt. Ich handhabe es bei fast allen Oxymel-Rezepten so, dass ich die Kräuter erst im Essig ziehen lasse und später mit dem Honig vermische. Wann genau, ist in allen Rezepten angegeben. Ich mache das, weil ich im Lauf der Jahre festgestellt habe, dass das Oxymel besser schmeckt, wenn der Honig nachträglich eingerührt wird. Manchmal diskutiere ich mit anderen Oxymel-Experten und merke, dass sich da die Geister scheiden. Manche schwören auf die Mischung von Anfang an, weil der Honig auch in der Lage ist, die Pflanzenwirkstoffe zu entziehen und aufzunehmen. Deshalb bin ich bei den medizinischen Oxymels (zum Beispiel gegen Kopfschmerzen oder Bluthochdruck) dazu übergegangen, Honig, Essig und die Zutaten gleichzeitig zu mischen, um einen optimalen Pflanzenauszug zu erreichen. Aufgrund der kleineren Menge ist der leicht klebrige Sirup einfacher zu verarbeiten als bei einem großen Glas.
Je nachdem, welche Zutaten verwendet werden, beträgt die Wartezeit etwa zwei bis vier Wochen. Frische zarte Blätter sind nach ein bis zwei Wochen vollständig gezogen, während Wurzeln und dickere Pflanzenteile länger brauchen. Kontrolliere immer wieder dein Oxymel, rieche daran und probiere es mit einem sauberen Strohhalm. Dann kannst du selbst entscheiden, wann es für deinen Geschmack fertig ist.
Während der Ansatzzeit wird das Glas entweder täglich geschüttelt oder mit einem sterilisierten Löffel umgerührt. Kleinere Gläser schüttle ich lieber, damit der Deckel nicht geöffnet werden muss. Wenn man aber sehr sauber arbeitet, kann auch bei der Umrührversion nichts passieren. Diese empfiehlt sich natürlich für das große Glas, denn ein Drei-Liter-Pott lässt sich nicht so leicht schütteln.

Bevor das Glas mit dem Schraubdeckel verschlossen wird, reinigt man den Rand innen und außen mit einem in Apfelessig getauchtes Küchenpapier. Dann wird ein Stück Backpapier über die Öffnung gelegt und der Deckel aufgeschraubt. Das Backpapier verhindert, dass die Säure des Essigs die Beschichtung des Deckels löst und diese in das Oxymel gerät. Aus diesem Grund muss sehr hochwertiges Backpapier verwendet werden. Ist es zu dünn, löst es sich und verteilt sich im Glas. Ich nehme immer das Backpapier aus dem Bioladen, weil ich dann sicher sein kann, dass es nichts enthält, was ungesund

Vier besondere Rezepte für wohltuende und heilsame Kräuterauszüge mit verschiedenen Wirkungsweisen: Wild Woman, Heartbeat, Sleep und Catch that cold.

sein könnte. Bei der Herstellung aller Rezepte verwende ich immer Zutaten in hochwertiger Bioqualität, um auf keinen Fall Rückstände von Unkrautvernichtungsmitteln und anderen Schadstoffen in meinem Oxymel zu haben. Der Essig muss unpasteurisiert (also nicht erhitzt) sein, da er sonst nicht die erwünschte Wirkung hat. Auch der Honig sollte kaltgeschleudert und im gesamten Herstellungsprozess nicht erhitzt worden sein. Im Kapitel Vegane Alternativen für Honig habe ich alles beschrieben, was man verwenden kann, wenn man Honig nicht mag oder aus anderen Gründen (Diabetes etc.) nicht zu sich nehmen möchte. Je nachdem, was man verwendet, kann die Menge auf Wunsch variiert werden.

BASISREZEPT OXYMEL

Für das Basisrezept empfehle ich ein Glas, das etwa 1,5 Liter fasst, damit du gleich genügend Oxymel hast, um deine ganze Familie zu versorgen. Im Singlehaushalt kannst du auch erst mal mit einem Marmeladenglas anfangen. Wie auch immer: Das Basisrezept lässt sich leicht runter- oder hochrechnen.

Zutaten:

1 Flasche (750 ml) naturtrüben und unpasteurisierten Apfelessig

1 Glas (500 ml) kaltgeschleuderten flüssigen Akazienhonig

100 g frische oder 50 g trockene Kräuter, Früchte, Blätter, Blüten oder Wurzeln.

Wähle eine bis vier verschiedene Zugaben aus (siehe Kapitel Heilkräuter sowie Früchte und Gemüse), deren Wirkung oder Geschmack dir besonders gefällt. Natürlich kannst du auch Kräuter oder Früchte verwenden, die nicht in den Kapiteln zu finden sind.

So geht's:

Frische Zugaben säubern und klein schneiden, bei Kräutern die Stängel entfernen, getrocknete Zugaben im Mörser kurz anreiben. Alles in ein sterilisiertes Glas (siehe Kapitel Hygiene) geben. Anschließend mit dem Apfelessig übergießen.

Nach dem Einfüllen des Apfelessigs den Rand des Glases mit einem Küchentuch und etwas Apfelessig abwischen und mit hochwertigem Backpapier abdecken, dann den Deckel vorsichtig zuschrauben.

Glas für vier Wochen an einen kühlen dunklen Ort stellen. Jeden Tag einmal kräftig schütteln oder umrühren. So verteilen sich die Zutaten immer neu, Schimmelbildung wird vermieden.

Nach der Zeit des Ziehens werden die Zutaten durch ein Passiertuch, das in ein großes Sieb gelegt wurde, abgegossen und die Flüssigkeit in einer sauberen Schale aufgefangen (vorher mit mindestens 60 Grad heißem Wasser ausspülen). Die Zugaben können in die Biotonne oder auf den Kompost.

Nun wird der Honig sorgfältig mit einem Schneebesen in die Flüssigkeit eingerührt. Man muss bei der Menge etwa zwei Minuten geduldig rühren, bis Honig und Apfelessig sich vollständig verbunden haben. Es entsteht ein etwas dünnflüssiger Sirup, der mit Sprudelwasser aufgefüllt ein gesundes und leckeres Getränk ergibt.

Jetzt kannst du das Oxymel in eine sterilisierte Flasche mit Schraubdeckel füllen (ich nehme dafür gern die Flasche des Apfelessigs), beschriften und in den Kühlschrank stellen. Dort hält sich das Oxymel bis zu zwölf Monate. Vor der Entnahme immer schütteln, damit sich die Wirkstoffe gleichmäßig verteilen.

Ein Esslöffel auf ein Glas stilles oder sprudelndes Wasser ist der Ausgangspunkt, du kannst aber auch mehr oder weniger hineingeben, ganz so, wie es dir am besten schmeckt. Die meisten Oxymels eignen sich sehr gut dazu, Salatsoßen zu verfeinern.

Den feinen Sirup kann man nach Wunsch auch pur einnehmen oder in Joghurt verrühren. Oder wie wär's mit einem alkoholfreien Oxymel-Cocktail? Dazu werden 2 EL Oxymel, 200 ml Orangensaft und 100 ml Sprudelwasser gemischt und mit einem frischen Rosmarinstängel im Glas serviert.

Beim Oxymel und wie hier bei einem Ansatz für eine Tinktur wird hochwertiges Backpapier unter den Deckel gelegt, damit die Säure oder der Alkohol die Beschichtung nicht löst.

Je nach Zutaten verfärbt sich der Essig im Laufe der Ansatzzeit. Das ist ein ganz normaler Prozess. Bevor das Glas verschlossen wird, sollte alles gut mit Essig bedeckt sein.

WILD WOMAN

Das Power-Oxymel für Frauen in bewegten Zeiten. Zum Ausgleich während der Menstruation, in den Wechseljahren oder wenn man mal einen Durchhänger hat. Die Schafgarbe ist generell ein tolles Kraut mit vielfältiger Wirkung, das besonders für seinen positiven Effekt zur Unterstützung des weiblichen Zyklus bekannt ist. In Kombination mit Frauenmantel nahezu unschlagbar. Der Salbei in diesem Oxymel wirkt schweißhemmend und krampflösend, die Kamille beruhigend und entzündungshemmend.

WILD WOMAN: Eine Mischung für Frauen zur Unterstützung der verschiedenen Phasen des weiblichen Zyklus.

Zutaten:

1 Flasche (750 ml) naturtrüben und unpasteurisierten Apfelessig

1 Glas (500 ml) kaltgeschleuderten flüssigen Akazienhonig

Schafgarbe (etwa 25 g frisch, etwa 10 g getrocknet)

Salbei (etwa 25 g frisch, etwa 10 g getrocknet)

Frauenmantel (etwa 25 g frisch, etwa 10 g getrocknet)

Kamillenblüten (etwa 25 g frisch, etwa 10 g getrocknet)

So geht's:

Frische Kräuter säubern, Stängel entfernen und klein schneiden, getrocknete Kräuter (außer den Kamilleblüten) im Mörser etwas anreiben. Zugaben mischen und in ein sterilisiertes Glas (siehe Kapitel Hygiene) geben. Das Glas sollte etwa 1–1,5 Liter fassen. Anschließend mit dem Apfelessig übergießen.

Nach dem Einfüllen des Apfelessigs den Rand des Glases mit einem Küchentuch und etwas Apfelessig abwischen, dann mit hochwertigem Backpapier abdecken und den Deckel vorsichtig zuschrauben.

Glas für vier Wochen an einen kühlen dunklen Ort stellen. Jeden Tag einmal kräftig schütteln. So verteilen sich die Zutaten immer neu, Schimmelbildung wird vermieden.

Nach der Zeit des Ziehens werden die Zutaten durch ein Passiertuch, das in ein großes Sieb gelegt wurde, abgegossen und die Flüssigkeit in einer sauberen Schale aufgefangen (vorher mit mindestens 60 Grad heißem Wasser ausspülen). Die Zugaben können in die Biotonne oder auf den Kompost.

Nun wird der Honig sorgfältig mit einem Schneebesen in die Flüssigkeit eingerührt. Man muss bei der Menge etwa zwei Minuten geduldig rühren, bis Honig und Apfelessig sich vollständig verbunden haben.

Jetzt kannst du das Oxymel in eine sterilisierte Flasche mit Schraubdeckel füllen (ich nehme dafür gern die Flasche des Apfelessigs), beschriften und in den Kühlschrank stellen. Dort hält sich das Oxymel bis zu zwölf Monate. Vor der Entnahme immer schütteln, damit sich die Wirkstoffe gleichmäßig verteilen.

Trinke an Tagen, an denen du Unterstützung brauchst, schon am Morgen nach dem Aufstehen ein Glas dieses Oxymels. Mische dazu einen Esslöffel des Sirups mit einem Glas Sprudelwasser.

Nimm dir noch eine halbe Stunde Zeit, bevor du frühstückst, und nutze sie, wenn du magst, für eine Meditation oder einen kleinen Walk an der frischen Luft. Auf meiner Website (Adresse im Anhang) findest du kostenlose Meditationen für jeden Tag.

HEARTBEAT

Dieses Oxymel enthält alles, was deinem Herzen guttut. Vielleicht bist du gerade verliebt, aufgeregt oder ist dein Herz ein wenig aus dem Rhythmus geraten? Dann kannst du deinen Körper mit Zugaben unterstützen, die sich positiv auf Herz und Kreislauf auswirken. Selbstverständlich ersetzt dieses Oxymel weder den Besuch beim Arzt noch Medikamente, die zum Beispiel deinen Blutdruck senken oder deinen Herzrhythmus beeinflussen sollen. Falls du also Herzprobleme hast, solltest du nachfragen, ob du dieses Oxymel zu dir nehmen darfst. Die Kräuter haben Eigenschaften, die den Blutdruck ausgleichen können; achte bei sehr niedrigem Blutdruck aber darauf, dass er nicht zu stark abfällt. Wenn du merkst, dass du dieses Oxymel gut verträgst, kannst du es in einer Pause bei der Arbeit trinken oder am Abend zur Entspannung. Mische jeweils einen Esslöffel des Sirups mit einem Glas Sprudelwasser.

Zutaten:

1 Flasche (750 ml) naturtrüben und unpasteurisierten Apfelessig

1 Glas (500 ml) kaltgeschleuderten flüssigen Akazienhonig

Weißdorn (etwa 10 g getrocknet)

Herzgespann (etwa 10 g getrocknet)

Rosmarin (etwa 25 g frisch, etwa 10 g getrocknet)

4 Knoblauchzehen

So geht's:

Knoblauchzehen pellen und einmal längs durchschneiden, frischen Rosmarin säubern, Stängel entfernen und Nadeln klein schneiden, getrocknete Kräuter im Mörser kurz anreiben. Zugaben mischen und in ein sterilisiertes Glas (siehe Kapitel Hygiene) geben. Das Glas sollte etwa 1–1,5 Liter fassen. Anschließend mit dem Apfelessig übergießen.

Nach dem Einfüllen des Apfelessigs den Rand des Glases mit einem Küchentuch und etwas Apfelessig abwischen und dann mit hochwertigem Backpapier abdecken und den Deckel vorsichtig zuschrauben.

Glas für vier Wochen an einen kühlen dunklen Ort stellen. Jeden Tag einmal kräftig schütteln. So verteilen sich die Zutaten immer neu, Schimmelbildung wird vermieden. Nach der Zeit des Ziehens werden die Zutaten durch ein Passiertuch, das in ein großes Sieb gelegt wurde, abgegossen und die Flüssigkeit in einer sauberen Schale aufgefangen (vorher mit mindestens 60 Grad heißem Wasser ausspülen). Die Zugaben können in die Biotonne oder auf den Kompost.

Nun wird der Honig sorgfältig mit einem Schneebesen in die Flüssigkeit eingerührt. Man muss bei der Menge etwa zwei Minuten geduldig rühren, bis Honig und Apfelessig sich vollständig verbunden haben.

Jetzt kannst du das Oxymel in eine sterilisierte Flasche mit Schraubdeckel füllen (ich nehme dafür gern die Flasche des Apfelessigs), beschriften und in den Kühlschrank stellen. Dort hält sich das Oxymel bis zu zwölf Monate. Vor der Entnahme immer schütteln, damit sich die Wirkstoffe gleichmäßig verteilen.

HEARTBEAT: Ausgleichend und beruhigend für Herz und Seele.

SLEEP

ACHTUNG: Dieser Schlaftrunk macht so müde, dass man nicht mehr Auto fahren sollte, nachdem man ihn zu sich genommen hat.
Etwa eine halbe Stunde vor dem Zubettgehen getrunken, hilft er, dich wohlig einzukuscheln und entspannt einzuschlafen. Falls du Schlafprobleme hast und mitten in der Nacht aufwachst, kannst du dir ein Glas bereitstellen. Mit einem Schraubdeckel drauf bleibt dein Oxymel auch über Nacht frisch. Trinke nicht mehr als drei Gläser von diesem Oxymel pro Nacht.

Zutaten:

1 Flasche (750 ml) naturtrüben und unpasteurisierten Apfelessig

1 Glas (500 ml) kaltgeschleuderten flüssigen Lindenblütenhonig

Lindenblüten (etwa 25 g frisch, etwa 10 g getrocknet)

Waldmeister (etwa 5 g getrocknet)

Melisse (etwa 25 g frisch, etwa 10 g getrocknet)

Hopfenblüten (etwa 10 g getrocknet und schon drei Monate gelagert, erst dann entfalten sie ihre schlaffördernde Wirkung)

So geht's:

Diese Zugaben brauchst du nicht klein zu schneiden oder zu zerreiben. Du gibst sie einfach so, wie sie sind, in ein sterilisiertes Glas (siehe Kapitel Hygiene). Das Glas sollte etwa 1–1,5 Liter fassen. Anschließend mit dem Apfelessig übergießen.
Nach dem Einfüllen des Apfelessigs den Rand des Glases mit einem Küchentuch und etwas Apfelessig abwischen, dann mit hochwertigem Backpapier abdecken und den Deckel vorsichtig zuschrauben.
Glas für vier Wochen an einen kühlen dunklen Ort stellen. Jeden Tag einmal kräftig schütteln. So verteilen sich die Zutaten immer neu, Schimmelbildung wird vermieden.
Nach der Zeit des Ziehens werden die Zutaten durch ein Passiertuch, das in ein großes Sieb gelegt wurde, abgegossen und die Flüssigkeit in einer sauberen Schale aufgefangen (vorher mit mindestens 60 Grad heißem Wasser ausspülen). Die Zugaben können in die Biotonne oder auf den Kompost.
Nun wird der Honig sorgfältig mit einem Schneebesen in die Flüssigkeit eingerührt. Man muss bei der Menge etwa zwei Minuten geduldig rühren, bis Honig und Apfelessig sich vollständig verbunden haben.
Jetzt kannst du das Oxymel in eine sterilisierte Flasche mit Schraubdeckel füllen (ich nehme dafür gern die Flasche des Apfelessigs), beschriften und in den Kühlschrank stellen. Dort hält sich das Oxymel bis zu zwölf Monate. Vor der Entnahme immer schütteln, damit sich die Wirkstoffe gleichmäßig verteilen.

SLEEP: Der Schlaftrunk für guten Schlaf und angenehme Träume.

CATCH THAT COLD

Du hast das Gefühl, dass sich eine Erkältung oder Schlimmeres anbahnt? Dann trinke dieses Oxymel zur Vorbeugung. Falls es dich schon erwischt hat, kannst du bis zu drei Gläser dieses wirkungsvollen Erkältungstrunks im Laufe des Tages zu dir nehmen. Mit dem Saft einer ausgepressten Zitrone gemischt wird er zur Vitaminbombe. In der akuten Erkältungssituation, wenn du das Gefühl hast, dass es gerade am unangenehmsten ist, kannst du auch alle ein bis zwei Stunden einen Esslöffel des Sirups pur nehmen.

Zutaten:

1 Flasche (750 ml) naturtrüben und unpasteurisierten Apfelessig

1 Glas (500 ml) kaltgeschleuderten flüssigen Akazienhonig. Das Rezept schmeckt auch mit kräftigem Tannenhonig.

Spitzwegerich (etwa 25 g frisch, etwa 10 g getrocknet)

Pfefferminze (etwa 25 g frisch, etwa 10 g getrocknet)

Thymian (etwa 25 g frisch, etwa 10 g getrocknet)

Anis (etwa 10 g getrocknet)

So geht's:

Bei der Verwendung von frischen Kräutern erst die Thymianblättchen von den Stängeln entfernen, Minze und Wegerich klein schneiden. Wenn man trockene Kräuter nimmt, können sie alle zusammen im Mörser etwas angerieben werden, ansonsten nur den Anis mörsern. Anschließend in ein sterilisiertes Glas (siehe Kapitel Hygiene) geben. Das Glas sollte etwa 1–1,5 Liter fassen. Anschließend mit dem Apfelessig übergießen.

Nach dem Einfüllen des Apfelessigs den Rand des Glases mit einem Küchentuch und etwas Apfelessig abwischen, dann mit hochwertigem Backpapier abdecken und den Deckel vorsichtig zuschrauben.

Glas für vier Wochen an einen kühlen dunklen Ort stellen. Jeden Tag einmal kräftig schütteln. So verteilen sich die Zutaten immer neu, Schimmelbildung wird vermieden.

Nach der Zeit des Ziehens werden die Zutaten durch ein Passiertuch, das in ein großes Sieb gelegt wurde, abgegossen und die Flüssigkeit in einer sauberen Schale

aufgefangen (vorher mit mindestens 60 Grad heißem Wasser ausspülen). Die Zugaben können in die Biotonne oder auf den Kompost.

Nun wird der Honig sorgfältig mit einem Schneebesen in die Flüssigkeit eingerührt. Man muss bei der Menge etwa zwei Minuten geduldig rühren, bis Honig und Apfelessig sich vollständig verbunden haben.

Jetzt kannst du das Oxymel in eine sterilisierte Flasche mit Schraubdeckel füllen (ich nehme dafür gern die Flasche des Apfelessigs), beschriften und in den Kühlschrank stellen. Dort hält sich das Oxymel bis zu zwölf Monate. Vor der Entnahme immer schütteln, damit sich die Wirkstoffe gleichmäßig verteilen.

DETOX-OXYMEL

Ein tolles Oxymel vor, während oder nach dem Fasten, aber auch zwischendurch zur Reinigung. Ich bin großer Fan von intermittent fasting (16 Stunden fasten, innerhalb von 8 Stunden essen) und liebe dieses Oxymel als Unterstützer in der Zeit am Vormittag, bis ich etwas esse. Honig sorgt für den Ausgleich des Blutzuckerspiegels, Salz für die Balance des Wasserhaushalts. Von diesem Oxymel bereite ich immer ein kleines Glas vor, denn es muss nicht so lange ziehen. Honig und Essig werden bei diesem Oxymel direkt vermischt, die Samen brauchen nämlich nicht abgegossen zu werden. Außerdem überwiegt in diesem Rezept der Honig, sodass ein dickerer Sirup entsteht, den man auch problemlos pur einnehmen kann, weil er ziemlich süß ist.

Zutaten:

100 ml naturtrüben und unpasteurisierten Apfelessig

200 ml Heidehonig (wenn er dir zu stark ist, kannst du auch Akazienhonig nehmen)

Brennnesselsamen (etwa 50 g frisch, etwa 25 g getrocknet)

1/2 TL naturbelassenes biologisches Salz (unraffiniert, ohne Rieselhilfen)

So geht's:

Alle Zutaten in einer sauberen Schüssel sorgfältig mischen und in ein sterilisiertes Glas füllen, das etwa einen halben Liter fasst.

Nach dem Einfüllen der Zutaten den Rand des Glases mit einem Küchentuch und etwas Apfelessig abwischen, dann mit hochwertigem Backpapier abdecken und den Deckel vorsichtig zuschrauben.

Glas für eine Woche an einen kühlen dunklen Ort stellen. Jeden Tag einmal kräftig schütteln. So verteilen sich die Zutaten immer neu, Schimmelbildung wird vermieden.

Nach einer Woche kann das Oxymel verwendet werden. Täglich morgens und mittags ein Esslöffel pur oder in Wasser hilft deinem Körper bei der Reinigung und dabei, in Balance zu bleiben. Nimm dabei die Brennnesselsamen mit ein, sie schmecken leicht nussig. Bewahre das Oxymel im Kühlschrank auf und verbrauche es innerhalb eines Jahres. Vor der Entnahme immer schütteln, damit sich die Wirkstoffe gleichmäßig verteilen.

KOPFSCHMERZ-OXYMEL

Der Plan ist natürlich nicht, dass man von diesem Oxymel Kopfschmerzen bekommt, sondern dem brummenden Schädel entgegenwirkt. Dazu eignet sich Weidenrinde ganz hervorragend, denn sie ist auch in der Medizin Grundlage für (Kopf-)Schmerzpräparate. Auch von diesem Oxymel wird wieder eine kleinere Menge hergestellt. Honig und Essig werden von Anfang an gemischt, die Weidenrinde verbleibt im Oxymel, wird aber nicht eingenommen (das wäre zwar nicht gefährlich, aber ziemlich hart und zäh).

Zutaten:

100 ml naturtrüben und unpasteurisierten Apfelessig

200 ml Bütenhonig

Weidenrinde (etwa 50 g frisch, etwa 25 g getrocknet)

1/2 TL naturbelassenes biologisches Salz (unraffiniert, ohne Rieselhilfen)

So geht's:

Alle Zutaten in einer sauberen Schüssel sorgfältig mischen und in ein sterilisiertes Glas füllen, das etwa einen halben Liter fasst.

Nach dem Einfüllen der Zutaten den Rand des Glases mit einem Küchentuch und etwas Apfelessig abwischen, dann mit hochwertigem Backpapier abdecken und den Deckel vorsichtig zuschrauben.
Glas für eine Woche an einen kühlen dunklen Ort stellen. Jeden Tag einmal kräftig schütteln. So verteilen sich die Zutaten immer neu, Schimmelbildung wird vermieden.

Nach einer Woche kann das Oxymel verwendet werden. Im akuten Fall, also wenn sich Kopfschmerzen anbahnen oder schon da sind, bis zu fünfmal am Tag alle ein bis zwei Stunden einen Esslöffel pur einnehmen. Vor der Entnahme immer schütteln, damit sich die Wirkstoffe gleichmäßig verteilen. Das Oxymel hält sich bis zu einem Jahr.

NATÜRLICH ANTIBIOTISCHES OXYMEL

Probiotisch, antibiotisch, was bedeutet das eigentlich? Pro heißt für und anti heißt gegen, biotisch meint das Leben. Antibiotisch klingt also auf den ersten Blick eher ungesund, was aber nur für unerwünschte Krankheitserreger gilt. Obwohl ein chemisches Antibiotikum leider auch gesunde Darmbakterien mit abtöten kann und deshalb häufig das Immunsystem schwächt. Deshalb ist ein Antibiotikum aus der Natur eine willkommene Alternative, wenn nicht der Arzt darauf besteht, dass man (verschriebene) Tabletten einnimmt (dann lieber vorher fragen). In diesem Fall kann man das Oxymel anschließend nehmen. Powerzutat bei diesem Rezept ist der Knoblauch (siehe Kapitel Heilkräuter), ein unschlagbarer Helfer bei Erkältungen, Grippe mit Fieber und Halsweh. Dieses Oxymel wird erhitzt, um die Hauptwirkstoffe des Knoblauchs, die übrigens Allicin und Ajoen heißen, schnell und effektiv verfügbar zu machen.

Zutaten:

200 ml naturtrüben und unpasteurisierten Apfelessig

200 ml Thymianhonig, Waldhonig oder Heidehonig

200 ml Wasser

1 Knolle Knoblauch, geschälte Zehen vor Verwendung etwa 10 Minuten in einem sauberen Schälchen liegen lassen (dann entfalten sich die Wirkstoffe)

Thymian (frisch etwa 25 g, getrocknet etwa 10 g)

So geht's:

Honig, Apfelessig und Wasser mischen und kurz aufkochen. Knoblauch auspressen und zusammen mit dem Thymian in das Oxymel geben.
Mit einem sauberen Küchenhandtuch abdecken und bei wenig Hitzezufuhr 30 Minuten ziehen lassen. Das Oxymel sollte auf keinen Fall mehr kochen.
Anschließend abkühlen lassen, durch ein feines Sieb gießen und die aufgefangene Flüssigkeit in eine Flasche mit Schraubverschluss füllen.
Das Oxymel kann sofort verwendet werden. Es sollte vor der Einnahme immer geschüttelt werden, damit sich die Wirkstoffe gleichmäßig verteilen.
Zur Vorbeugung täglich einen Esslöffel vor dem Mittag- oder Abendessen einnehmen. Im akuten Fall, also wenn Erkältung oder Grippe schon da sind, bis zu fünfmal am Tag alle ein bis zwei Stunden einen Esslöffel pur einnehmen. Bewahre das Oxymel im Kühlschrank auf und verbrauche es innerhalb eines Jahres.

Einer für alles: Fire Cider

Die guten Zutaten des Fire Cider sorgen nicht nur für Gesundheit, sondern auch für einen überraschenden und würzigen Geschmack.

Schon immer habe ich mich gefragt, was der Druide bei Asterix und Obelix in den Zaubertrank gemixt hat. Das Zeug gibt so viel Kraft, dass man Hinkelsteine tragen und Römer aus ihren Sandalen hauen kann. Letzteres ist in einem friedlichen Zusammenleben natürlich nicht wünschenswert, spricht aber im übertragenen Sinne für jede Menge Energie. Die zu haben ist großartig. Inzwischen bin ich mir sicher: Der Trank des Druiden muss Fire Cider gewesen sein.

Jeden Tag ein bis zwei Esslöffel dieses kraftvollen Gebräus pur oder mit etwas Wasser eingenommen, sorgen für ein gutes Gefühl und starke Abwehrkräfte. Kein Wunder, denn in einem Fire Cider steckt, was gesund ist und zudem noch eine spezielle Wirkung mit sich bringt. Damit eignet sich Fire Cider sehr gut zur Vorbeugung von Erkältungen und Grippe. Wenn es einen dann doch mal erwischt hat, kann man stündlich einen Esslöffel der wohlschmeckenden Flüssigkeit einnehmen, um den Körper bei der Heilung zu unterstützen. Diese Akutbehandlung sollte man aber nicht länger als einen Tag durchführen.

Ein hervorragendes Grundrezept stammt von der amerikanischen Kräuterheilkundlerin Rosemary Gladstar, die es in den 1980er-Jahren entwickelt und den Begriff Fire Cider eingeführt hat. Sie wird deshalb auch als die Urmutter des Fire Ciders bezeichnet, der vor allem in englischsprachigen Ländern bekannt ist. Das Prinzip der wärmenden, entzündungshemmenden und stärkenden Mischung beruht wie alle anderen Oxymels auf der Kombination von Honig und Apfelessig, in der wirkungsvolle Ingredienzen über längere Zeit ziehen. Im Rezept von Rosemary Gladstar wird der Honig beim Fire Cider allerdings auch erst nach der Auszugsphase hinzugefügt. Ich habe mit beiden Varianten experimentiert und ziehe es ebenfalls vor, den Honig später einzumischen. Auf diese Weise kann ich die zugegebene Menge variieren und dadurch den Fire Cider besser abschmecken. Auch das Umrühren der Mischung vieler Zutaten ist leichter, wenn der Honig später zugefügt wird. Sonst kann es einem nämlich passieren, dass das Ganze eine ziemlich klebrige Angelegenheit wird. Selbstverständlich kannst du beide Varianten ausprobieren. Wenn du Honig und Apfelessig von Anfang an vermischst, wird der Honig am Auszug der pflanzlichen Sekundärstoffe mitwirken, was von Vorteil ist. Allerdings ist die Verarbeitung großer Mengen klebriger Flüssigkeit unpraktischer.

Im Lauf der Zeit sind viele verschiedene Fire-Cider-Rezepturen entstanden, deren Geschmack je nach verwendeten Zutaten auch sehr unterschiedlich ist. Ausgehend vom feurigen Grundprinzip des gesunden Powershots kann man die eingelegten Kräuter, Früchte, Wurzeln und Gemüse so zusammenstellen, dass der ganz persönliche Fire Cider genau die Dinge enthält, die man mag, verträgt und braucht.

In diesem Kapitel erfährst du alles über die wichtigsten Zutaten sowie mein bewährtes Fire-Cider-Rezept, das du nach deinen Wünschen variieren kannst.

Am besten bereitet man alle Zutaten erst vor (wie im Rezept angegeben) und schichtet sie anschließend mit sauberen Händen in das sterilisierte Glas.

FIRE CIDER WILDE FEUERKRÄUTER FÜR 2 LITER WELTBESTEN ZAUBERTRANK

Zutaten:

150 g Meerrettich in kleine Würfel schneiden (waschen, nicht schälen)

100 g Ingwer in kleine Scheiben schneiden (waschen, nicht schälen)

100 g Kurkumawurzel in kleine Scheiben schneiden (waschen, nicht schälen)

2 Chilischoten halbieren und Kerne entfernen

2 Zwiebeln schälen und jeweils in 8 Stücke schneiden

4 Orangen heiß abspülen, abtrocknen und jeweils in 4 Stücke schneiden

2 Zitronen heiß abspülen, abtrocknen und jeweils in 4 Stücke schneiden

4 EL Rosmarin fein hacken

4 EL Thymian fein hacken

4 EL getrocknete und zerkleinerte Echinaceawurzel, alternativ Zistrose

1 EL getrockneten Anisysop

1 EL bunte Pfefferkörner

1 EL Sternanis

2 Zimtstangen

1,5–2 l Apfelessig naturtrüb

500 g flüssigen Akazienhonig

So geht's:

Alle Zutaten bis auf den Honig in der aufgeführten Reihenfolge in ein sterilisiertes Glas schichten und bis oben unter den Rand mit Apfelessig übergießen. Wichtig ist, dass man ohne Überschwappen alles mit einem langen Löffel gut umrühren kann.

Nach dem Einfüllen des Apfelessigs den Rand des Glases mit einem Küchentuch und etwas Apfelessig abwischen und dann mit einem Passiertuch oder einem anderen sauberen Tuch abdecken. Der Stoff sollte auf keinen Fall mit Weichspüler oder einem Waschmittel mit Duft gewaschen sein, weil es immer möglich ist, dass die Flüssigkeit im Glas diesen Geruch annimmt.

Zwei Tage stehen lassen, danach etwa vier Wochen lang jeden Tag mit einem langen sterilisierten Löffel gut umrühren. Die Zutaten verteilen sich dabei im ganzen Glas. Arbeite sauber und decke das Glas immer wieder sorgfältig ab. Es sollte an einem dunklen kühlen Ort stehen, jedoch nicht im Kühlschrank. Es macht richtig Spaß, jeden Tag nach dem Fire Cider zu sehen und festzustellen, wie sich der Duft verändert.

Wenn alle Zutaten für den Fire Cider im Glas sind, wird mit Apfelessig aufgegossen.

Sieb und Passiertuch sollten relativ fein sein, damit nicht zu viele kleine Teilchen mit in die Flüssigkeit gelangen. Einen sauberen Holzlöffel kann man verwenden, um die Zutaten im Sieb noch leicht auszudrücken.

Schale, Passiertuch und Sieb kommen vor allem beim Abgießen zum Einsatz, nachdem der Ansatz vier Wochen durchziehen konnte.

Zum Abfüllen nimmst du am besten Glasflaschen mit einem gut schließenden Holzkorken.

Achte beim Abgießen darauf, dass die Zutaten nicht in einem Schwups aus dem Glas fallen, sonst landet der wertvolle Fire Cider überall, nur nicht in der Schale.

Wenn du magst, kannst du nach zwei bis drei Wochen schon mal mit einem sterilisierten Löffel probieren. Nach der Zeit des Ziehens und Reifens kommt der große Moment des Abgießens. Du brauchst eine große Schüssel, ein Sieb und ein Passiertuch. Lege das Passiertuch in das Sieb und gieße die Flüssigkeit vorsichtig hinein. Achte darauf, dass dir nicht plötzlich alle Zutaten in das Sieb fallen. Du kannst zwischendurch mit einem Stampfer oder einem großen Löffel die im Glas verbliebenen Orangen- und Zitronenstücke noch einmal ausdrücken. Wenn du alle Flüssigkeit in der Schüssel aufgefangen hast, rührst du langsam den Honig ein. Essig und Honig verbinden und vermischen sich gut, du musst aber ein bisschen Geduld haben und nicht zu früh mit dem Rühren aufhören, denn wenn du den fertigen Fire Cider in Flaschen abfüllst, sollen ja in jeder Flasche gleich viele Wirkstoffe und Zutaten sein.

Mit einem schönen Etikett versehen ist der Fire Cider ein tolles und sehr gesundes Geschenk.

Vegane Alternativen für Honig

„Ist Honig denn nicht vegan?", wirst du dich vielleicht fragen, wenn du dieses Kapitel liest und dich mit rein pflanzlicher Ernährung nicht so gut auskennst. Nein, da Honig von Bienen produziert wird (und ihnen ganz oder teilweise weggenommen wird), ist Honig nicht vegan. Spätestens dann, wenn man den sehr beeindruckenden Schweizer Dokumentarfilm „More than Honey" gesehen hat, macht man sich Gedanken über die Herkunft des goldenen Safts. Für industriell produzierten Honig werden Bienen ausgebeutet und haben wie viele andere Nutztiere auch ein kurzes schweres Leben. Für ihre fleißige Arbeit erhalten sie nur Zuckersirup und bei der Ernte ihrer Waben werden die in Massen gehaltenen Tiere oft verletzt oder sogar getötet. Wer nicht auf Honig verzichten will, sollte deshalb nur biologischen Honig kaufen, der eine Zertifizierung hat, bei der die Vorgehensweise der Honiggewinnung nachvollziehbar ist. Demeter-Honig zum Beispiel passt sich in der Imkerei dem sehr differenzierten Organismus des Bienenvolks an. Dabei verbleibt den Bienen ein Teil ihres Honigs als Winterfutter, und wenn doch hinzugefüttert werden muss, stammen die Zutaten wie Zucker und Kräutertees aus ökologischer Landwirtschaft.

Was den Essig betrifft, ist ein Blick aufs Etikett übrigens auch angebracht, wenn man nicht seinen Essig selbst herstellt. Das ist gar nicht so schwer, denn eigentlich werden nur Äpfel oder anderes Obst in Wasser vergoren, aber das ist wieder eine andere Geschichte.

In unseren Rezepten verwenden wir naturtrüben Essig, bei dem wir davon ausgehen können, dass er vegan ist. Klare Essige dagegen werden häufig mit tierischer Gelatine geklärt und sind dadurch nicht mehr vegan. Es ist

Auch wenn die Wirkung veganer Alternativen nicht so umfassend ist wie bei Honig, kann man sie als Ersatz verwenden.

also auch beim Essig sinnvoll, nachzuschauen, was man in seinen Einkaufskorb legt, wenn man keine tierischen Produkte zu sich nehmen möchte.
Oxymels werden seit jeher mit Honig und Essig hergestellt. Die Wirkungsweise beider Grundzutaten ist wissenschaftlich erforscht und bestätigt. Wenn man also statt des Honigs einen anderen Sirup verwendet, verändert man das Prinzip dieses heilsamen Getränks, das durch die Kombination von Honig und Essig besonders effektiv ist. Trotzdem kann man den Honig in den Rezepten gegen rein pflanzliche Produkte austauschen. Im Folgenden beschreibe ich geeignete Produkte und erkläre auch, was weniger gut funktioniert.

Agavendicksaft

Dieses pflanzliche Süßungsmittel stammt aus Agavenmonokulturen, die hauptsächlich in Südamerika angesiedelt sind. Für uns ist es also eine weitgereiste Alternative, weil die Pflanzen nur in sehr warmen Ländern gut gedeihen. Der Agavensaft wird außerdem zu Dicksaft eingekocht, was sehr aufwendig ist. Der Agavendicksaft ist fast doppelt so süß wie Honig, sodass man in den Rezepten die Hälfte der angegebenen Honigmenge verwenden kann. Er ist etwas weniger dickflüssig als Honig und lässt sich dadurch leicht und schnell mit dem Essig vermischen. Leider ist er nicht so gesund wie Honig, da er einen hohen Fructoseanteil hat. Zu viel Fruchtzucker kann das Risiko für Herz-Kreislauf-Erkrankungen erhöhen.

Apfel- und Birnendicksaft

Eine regionale Alternative zum Agavendicksaft ist selbst eingekochter oder gekaufter Dicksaft aus Äpfeln oder Birnen. Was gesund klingt, ist es aber nicht. Im Vergleich ist Apfeldicksaft nicht gesünder als Zucker, der aus Zuckerrüben gewonnen wird. Theoretisch könnte man also stattdessen auch Zucker einkochen und den Sirup verwenden.

Ahornsirup

Die kanadische Zuckeralternative gibt es in verschiedenen Ausführungen von hell und mild bis dunkel und kräftig. Der relativ naturbelassene und im Gegensatz zu Industriezucker kalorienarme abgezapfte Saft des Ahornbaums wird ebenfalls zu Dicksaft eingekocht. Dieses Verfahren ist ziemlich aufwendig und macht den Ahornsirup deshalb nicht nur wegen des langen Transportwegs zu einer teuren Zucker- und Honigalternative. Aufgrund der enthaltenen Mikronährstoffe ist er gesünder als Zucker, aber trotzdem nicht gesund. Im Oxymel verwendet, verleiht der Ahornsirup der Mischung eine kräftige, etwas karamellige Geschmacksnote. Wenn man die mildeste Variante des Süßungsmittels verwendet, ist dieser Geschmack weniger vorherrschend.

Reissirup

Der aus vermahlenem Reis gewonnene japanische Sirup ist als Alternative zu Honig nach meinen Recherchen am besten geeignet. Im Gegensatz zum Agavendicksaft enthält er nämlich kaum Fructose, verfügt aber über eine ganze Reihe an Mineralstoffen und Spurenelementen, die für den Körper verfügbar werden. Dabei ist vor allem der relativ hohe Gehalt an Kalium zu nennen. Dieser wichtige Mineralstoff trägt unter anderem maßgeblich zur Regulierung des Säuregrads in unserem Körper und zur reibungslosen Reizübertragung der Nerven bei.

Kokosblütenzucker

Man kann auch einen Sirup aus Kokosblütenzucker kochen und diesen statt Honig einsetzen. Damit hat man nicht viel mehr gewonnen als bei Zuckerrübensirup, der im Gegensatz zum Kokosblütenzucker in unseren Breitengraden gewonnen wird und deshalb weniger Kilometer zurücklegen muss. Da beides aber einen sehr kräftigen Geschmack hat und sich weniger gut im Essig löst als die anderen Honigalternativen, rate ich eher von der Verwendung ab.

Fazit: Ein Oxymel ohne Honig müsste eigentlich anders heißen und es büßt vermutlich auch an Gesundheitswirksamkeit ein. Wenn man die Alternative für Honig aber als reines Süßungsmittel in Maßen verwendet, kann man trotzdem noch von der Heilwirkung der anderen Zutaten profitieren, denen der Essig die Wirkstoffe entzieht. Kein Grund also, sich nicht einen gesunden und leckeren Drink herzustellen, den man anschließend nennen kann, wie man will.

Erfrischung im Alltag:

Wasserkefir, Kombucha und Tepache

Jeder dieser kühlen drei macht richtig was her. Du selbst und deine Gäste werden Augen machen, denn keines dieser Getränke schmeckt wie von der Stange. Du kannst es so spannend machen, wie du willst. Mit einfachen Zutaten oder ungewöhnlichen Kombinationen deckt das, was du hineingibst, die gesamte Palette ab: von ganz normal mit Himbeeren oder Äpfeln bis ziemlich ungewöhnlich mit Tannennadeln und Moos. Und wenn du Lust auf ein mexikanisches Spezialrezept mit Ananas hast, dann ist Tepache genau das Richtige für dich. Du liebst es ganz einfach? Dann mixe dir eine Kräuterlimonade und lösche schnell deinen Durst. Probiere am besten alles aus und lass dich überraschen!

Ein frischer Drink muss keinen Alkohol enthalten, um den Feierabend einzuläuten oder als schmackhafter Aperitif serviert zu werden.

Was ist Wasserkefir?

Wasserkefir ist eine natürlich sprudelnde, gesunde Limonade, die in einem kontrollierten Fermentationsprozess hergestellt wird. Aufgrund der Fermentation ist es ein Getränk, das nicht nur ausgesprochen lecker schmeckt, sondern gleichzeitig einen positiven Effekt auf die Darmgesundheit haben kann. Das ist die Voraussetzung für ein intaktes Immunsystem und deshalb extrem erstrebenswert. Aber was ist Fermentation eigentlich? Bei der Fermentation von Lebensmitteln werden bestimmte Bestandteile so umgewandelt, dass sie für uns gesünder, leichter verdaulich und geschmacklich interessanter werden. Sauerkraut ist eines der bekanntesten fermentierten Lebensmittel, aber auch Käse und Joghurt sind fermentiert. Außerdem dient Fermentation der Haltbarmachung bestimmter Lebensmittel, was eine längere Lagerung ermöglicht.

Starterkultur Wasserkristalle

Im Fermentationsprozess wandeln vielfältige Mikroorganismen Inhaltsstoffe des Lebensmittels um und sorgen dafür, dass nützliche Bakterien unter für sie optimalen Bedingungen Milchsäure produzieren. Der Motor für diesen Prozess ist die jeweilige Kultur, die angewendet wird, um das kontrollierte Gären auf Trab zu bringen. Beim Wasserkefir besteht die Kultur aus sogenannten Wasserkefirkristallen. Das sind durchsichtige weiche Knubbelchen, die aussehen wie kleine Kristalle. In diesen Wasserkefirkristallen sind alle Mikroorganismen enthalten, die es braucht, um Wasserkefir herzustellen. Man nennt diese Ansammlung beim Wasserkefir und beim Kombucha auch SCoBY. Das ist Englisch und steht für Symbiotic Culture of Bacteria and Yeast, also eine nützliche Lebensgemeinschaft von Bakterien und Hefen. Es handelt sich dabei ausschließlich um gesunde Bakterien, die uns guttun, wir brauchen also keine Angst vor unserem zukünftigen Wasserkefir zu haben. Im Gegenteil, wenn du es einmal als Getränk entdeckt hast, wirst du es wahrscheinlich nicht mehr missen wollen.

Die kleinen Kristalle gibt's natürlich nicht beim Juwelier, du kannst sie einfach im Internet bestellen. Das brauchst du nur einmal zu tun, denn die Kristalle vermehren sich, und nach einiger Zeit kannst du Familie, Freunde, Bekannte und Verwandte damit versorgen, wenn du sie mit deiner Wasserkefir-Leidenschaft angesteckt hast. Alternativ können überzählige Wasserkefirkristalle auch als gesunde Zugabe im Smoothie verquirlt oder beim Brotbacken verwendet werden, denn sie sorgen dafür, dass Brot locker und leichter verdaulich wird. Im Anhang findest du Bezugsquellen, wo du die kleinen starken Kulturen bestellen kannst.

Wasserkefir enthält viele gesunde Inhaltsstoffe, wie die bereits erwähnte Milchsäure, die man auch im Joghurt und im Sauerkraut sehr schätzt. Außerdem sind Vitamine enthalten, vor allem aus dem B-Komplex, sowie die Vitamine C und K wurden nachgewiesen. Wasserkefir wird mit Trockenfrüchten und Zucker angesetzt, beides dient als Nahrung für die Kulturen. Die Trockenfrüchte liefern Stickstoff, den die Kristalle brauchen, um zu wachsen, der Zucker wird in organische Säuren umgewandelt. Hier kommen die Milchsäurebakterien ins Spiel, die auch als probiotisch bezeichnet werden. Probiotisch heißt übersetzt „für das Leben". Gemeint ist damit die positive Wirkung auf die Darmflora und damit auf das Immunsystem. Beim Abbauprozess des Zuckers entsteht Alkohol in geringen Mengen, das mit dem minimalen Alkoholgehalt eines alkoholfreien Biers zu vergleichen ist. Fahrtauglich bleibt man damit ohne Weiteres, trotzdem sollten Menschen, die Alkohol nicht vertragen oder nicht trinken dürfen, vorsichtshalber auf Wasserkefir verzichten und sich lieber der ebenfalls leckeren Kräuterlimonade zuwenden.

Stoffwechselprozess

Manche stolpern beim Wasserkefir, Kombucha & Co. über den Zuckergehalt. Der ist zwar nicht wegzudiskutieren, verringert sich aber während des Fermentationsprozesses wesentlich, da es der Zucker ist, der verstoffwechselt wird. Die beim Wasserkefir und beim Kombucha verwendeten Kulturen benötigen Mineralien für die Fermentation, den sie Rohrzucker, aber auch

Es ist jedes Mal wieder erstaunlich, was diese kleinen Wasserkefirkristalle alles können. Erfreulicherweise werden es im Lauf der Zeit immer mehr, sodass man sie verschenken oder anderweitig nutzen kann.

Der Erstansatz des Wasserkefirs sieht zunächst so aus. Das Glas mit Gäraufsatz ermöglicht das Entweichen von Überdruck. Abdecken mit einem sauberen Tuch und Fixierung mit einem Haushaltsgummi ist ebenfalls möglich.

Honig oder einem anderen Süßungsmittel entziehen können. Künstliche Süßstoffe und auch das pflanzliche Stevia sind allerdings nicht geeignet, die Kulturen würden dann verhungern, weil sie nicht in der Lage sind, die Inhaltsstoffe umzuwandeln.
Im Kapitel zum Thema Oxymel findest du wichtige Informationen zu den veganen Alternativen für Honig. Diese kannst du auch verwenden, um dein Wasserkefir nach der Fermentation abzuschmecken. Bei der Erstfermentation empfehle ich die Verwendung von Rohrzucker, da sich dieser am besten für die Verstoffwechslung eignet. Der Zucker wird dabei abgebaut, ist aber auch nach der Fermentation noch in geringem Maße enthalten. Wenn man den Wasserkefir etwas länger fermentieren lässt (in der Erst- und in der Zweitfermentation jeweils fünf statt drei Tage), nimmt der Zuckergehalt ab. Lässt man dann das Nachsüßen weg, erhält man ein Getränk mit minimalem Zuckergehalt. Mit Sprudelwasser gemischt kann man es noch weiter verdünnen, sodass der Zuckergehalt nochmals reduziert wird.

Herstellung

Um Wasserkefir selbst herzustellen, braucht man ein großes Glas, das mit einem Tuch, doppelt gelegtem Küchenpapier oder einem Gärdeckel verschlossen wird. Da es sich um einen Fermentationsprozess handelt, bei dem Kohlensäure entsteht, ist es wichtig, dass im ersten und zweiten Schritt nicht zu viel Druck entsteht. Sowohl bei einem Tuch als auch bei einem Gärdeckel kann so viel Gas entweichen wie nötig.
Außerdem braucht man ein Kunststoff- oder Edelstahlsieb zum Abgießen der Früchte und Wasserkefirkristalle. Anderes Material kann möglicherweise von der enthaltenen Säure angegriffen werden. Das korrodierte Material wiederum würde dann den Geschmack des Wasserkefirs negativ beeinflussen. Deshalb ist es gut, wenn man auch für das Abfüllen einen Trichter aus Kunststoff oder Edelstahl benutzt.
Ich habe immer mindestens zwei Gläser im Einsatz. Eines, in dem die Erstfermentation in vollem Gange ist, und ein zweites, in dem ich parallel die Zweitfermentation ansetzen kann. Wegen der entstehenden Kohlensäure ist es empfehlenswert, ein Glas zu verwenden, das etwa 1,5 Liter fasst. In beiden Herstellungsschritten sollte das Glas an einem hellen Ort stehen, an dem es jedoch keiner direkten Sonneneinstrahlung ausgesetzt ist.
Wenn man den ersten Ansatz vorbereitet hat (siehe Basisrezept Wasserkefir), sieht man nach relativ kurzer Zeit, dass sich im Glas etwas tut. Mit einem nahezu unhörbaren Plopp wandert zum Beispiel eine Trockenfrucht nach oben, um wenig später kreuz und quer durch das Glas zu trudeln. An der Oberfläche und um die Früchte herum bildet sich gut sichtbar Kohlensäure, die von Tag zu Tag mehr wird. Nach zwei Tagen kann man mit einem sauberen Strohhalm probieren, wie das Wasserkefir schmeckt. Es entwickelt sich von süß zu angenehm säuerlich, und man kann selbst entscheiden, welchen Säuregrad man am liebsten mag.
Im zweiten Schritt werden Früchte und Kristalle durch das Sieb abgegossen. Ich nehme dafür das zweite Glas, in dem ich dann die Zweitfermentation starten kann.
Bei den Rezepten findest du eine Übersicht der Zutaten, die sich für eine Zweitfermentation eignen. Mit den Kristallen und den Trockenfrüchten wird dann gleich ein neuer Ansatz gemacht. Man kann zwei- bis dreimal die gleichen Trockenfrüchte nehmen, danach sind sie ausgelaugt und müssen ersetzt werden. Die Kristalle dagegen wachsen bei guter Pflege ständig und man kann schon bald ein zweites Glas mit einem Erstansatz befüllen. Wer nicht vorhat, Wasserkefir im großen Stil herzustellen, kann neu gewachsene Wasserkefirkristalle verschenken. Sobald alle Interessenten versorgt sind, machen sich die gesunden Kulturen auch hervorragend im Smoothie, als Blumendünger im Gießwasser oder als Antreiber auf dem Kompost.
Wer eine Braupause einlegen will, kann seine Wasserkefirkristalle in einem verschlossenen Glas in Zuckerwasser im Kühlschrank aufbewahren. Darin halten sie sich einige Wochen, müssen zwischendurch aber immer wieder mit Zucker gefüttert werden. Man kann sie auch einfrieren, danach brauchen die Kristalle allerdings einige Zeit, um sich von der Eiszeit zu erholen. Der Fermentationsprozess kommt dann nur sehr langsam in Gang.

Rezepte für Wasserkefir

Das Basisrezept ist für einen Liter fertigen Wasserkefir berechnet, damit man die Mengenangaben leicht hochrechnen kann. Wenn du Wasserkefirkristalle kaufst, erhältst du meistens 30 oder 60 Gramm; bekommst du sie von einem anderen Wasserkefirbrauer geschenkt, sind es möglicherweise mehr oder weniger. Rechne deshalb das Basisrezept (und auch die anderen Rezepte) immer so, wie du es gerade brauchst. Ich mache zum Beispiel manchmal größere Mengen für unser Gartencafé oder einen Workshop, und dann ist es von Vorteil, wenn man genügend Kristalle hat und viele Flaschen vorbereiten kann. Wasserkefir braucht einige Tage Zeit, bis er fertig ist, hält sich dann aber im Kühlschrank ohne Weiteres vier Wochen lang. Bitte lies dir das Kapitel über Hygiene durch, bevor du loslegst.

BASISREZEPT WASSERKEFIR

Zutaten:

1 l frisches Wasser (gutes Leitungswasser oder stilles Wasser aus der Flasche)

ca. 40 g Wasserkefirkristalle

80 g Zucker (Rohrzucker)

1 Zitrone, heiß abgewaschen und geviertelt

1 Zitrone, ausgepresst

4–6 Trockenfrüchte (ungeschwefelt), je nach Größe (Bergfeigen, Datteln, Aprikosen). Die Trockenfrüchte können bis zu dreimal wiederverwendet werden, danach musst du neue nehmen.

So geht's:

Gib den Zucker und den Saft der ausgepressten Zitrone in das Glas und fülle das Wasser hinzu. Rühre mit einem Kunststoff- oder Edelstahllöffel so lange um, bis sich der Zucker vollständig aufgelöst hat.

Nun werden die Trockenfrüchte und die Zitronenviertel ins Glas gegeben. Jetzt kommt der große Moment, in dem die kleinen Wasserkefirkristalle den frischen Ansatz erobern dürfen. Sie werden langsam auf den Boden des Glases sinken und es sich dort bequem machen. Von hier aus können sie ihre Arbeit tun, und du wirst sehen, dass es bald sehr lebendig in deinem Glas wird.

Das Glas wird mit einem Gäraufsatz oder einem Tuch mit Gummiband verschlossen und für zwei bis vier Tage an einen hellen Ort ohne direkte Sonneneinstrahlung gestellt. Achte darauf, dass es nicht zu kalt wird, denn die lebendigen Kulturen mögen es warm.

Nach zwei Tagen kannst du mit einem sauberen Strohhalm probieren, ob dir dein Wasserkefir schon schmeckt. Wenn du weniger Süße und mehr Säure möchtest, lass das Glas noch einmal für ein bis zwei Tage stehen.

Sobald dir Duft und Geschmack des Wasserkefirs gefallen, wird es Zeit, die Flüssigkeit abzugießen und dabei die Früchte und die Kristalle in einem feinen Sieb aufzufangen. Mit den Früchten und den Kristallen kannst du gleich einen neuen Ansatz starten, abgegossene Flüssigkeit ist bereit für die Zweitfermentation. Wenn dir Geschmack und Kohlensäuregehalt jetzt schon gut gefallen, kannst du das Wasserkefir auch gleich in sterilisierte Bügelflaschen füllen und kühl stellen.

Zweitfermentation für jeden Tag

Es ist nicht zwingend erforderlich, Wasserkefir mit weiteren Zutaten zu fermentieren, aber es macht viel Spaß auszuprobieren, welche Geschmäcker, Aromen und Farben man mit natürlichen Zutaten hinbekommt. Außerdem entwickelt der Wasserkefir in der Zweifermentation noch mal ordentlich Kohlensäure. Dadurch schmeckt er leckerer und erfrischender und überrascht durch seine Feinperligkeit.

Im Grunde kann man alle Kräuter, Früchte und Beeren verwenden, die man mag. In den Rezepten mit den ungewöhnlichen Zutaten werden verschiedene Aromen miteinander kombiniert, bei der Zweitfermentation für jeden Tag kann man erst einmal mit Einzelzutaten arbeiten. Im Folgenden habe ich eine Übersicht der Zutaten zusammengestellt, die sich besonders gut dazu eignen, das Wasserkefir aus dem Basisrezept unkompliziert und lecker zu pimpen.

Für die Zweitfermentation von Wasserkefir eignen sich unter anderem Beeren sehr gut ...

... hier stehen selbst gepflückte Schlehen bereit, die tiefgefroren waren, um die Gerbsäure zu reduzieren.

Pimp your Wasserkefir

... mit **Himbeeren** (frisch oder tiefgekühlt)

... mit **Erdbeeren** (frisch oder tiefgekühlt)

... mit **Blaubeeren** (frisch oder tiefgekühlt)

... mit **Weintrauben** (frisch, halbiert)

... mit **Granny-Smith-Äpfeln** (frisch, geviertelt)

... mit **Pfirsichen** (frisch, geschält, entkernt und geviertelt)

... mit **Granatapfelkernen** (frisch oder tiefgekühlt)

... mit **Holunderbeeren oder Holunderblüten** (frisch, ganze Dolde)

... mit **Lindenblüten** (frisch oder getrocknet)

... mit **Mango** (frisch oder tiefgekühlt, ohne Kern, in Stücken)

... mit **Kirschen** (frisch, entkernt, halbiert)

... mit **Orangen** (heiß abgewaschen und geviertelt)

... mit **Zitronen oder Limonen** (heiß abgewaschen und geviertelt)

... mit **Kurkuma** (gewaschen und in kleine Scheiben geschnitten)

... mit **Ingwer** (gewaschen und in kleine Scheiben geschnitten)

... mit **Ananas** (in Stücken)

Falls du Kräuter lieber magst als Früchte oder beides kombinieren willst, hier eine Übersicht der Kräuter, die sich besonders gut für die Zweitfermentation als Einzelkraut oder in Kombination eignen.

Aromatisiere deinen Wasserkefir

- ... mit Thymian (frisch oder getrocknet)
- ... mit Zitronenmelisse (frisch oder getrocknet)
- ... mit Rosmarin (frisch oder getrocknet)
- ... mit Minze (frisch oder getrocknet)
- ... mit Salbei (frisch oder getrocknet)
- ... mit Zitronenverbene (frisch oder getrocknet)
- ... mit Ananassalbei (frisch oder getrocknet)
- ... mit Lavendelblüten (frisch oder getrocknet)
- ... mit Magnolienblüten (frisch oder getrocknet)
- ... mit Veilchenblüten (frisch oder getrocknet)

Frische Kräuter und Blüten ein- bis zweimal täglich im Ansatz umrühren, damit sie immer wieder neu mit Flüssigkeit bedeckt werden. Sobald etwas anfängt, braun zu werden, vorsichtshalber abgießen oder entnehmen. Es bringt sonst Fäulnisbakterien in das Getränk, die wir nicht haben wollen und die den milden Geschmack schnell zum Umkippen bringen können.

Du kannst für die Zweitfermentation auch Gewürze verwenden. Achte dann aber beim Abgießen darauf, dass sehr klein pulverisierte Gewürze aufgefangen werden. Dazu kannst du einen Kaffeefilter benutzen. In der Übersicht habe ich einige Gewürze zusammengestellt, die deinem Wasserkefir den speziellen Kick verleihen.

Wasserkefir-Finish für Mutige

- ... mit Zimt (Zimtstangen)
- ... mit Vanille (Vanillestange)
- ... mit Sternanis (ganz)
- ... mit Pfefferkörnern (ganz)
- ... mit Chili (frisch, längs halbiert)
- ... mit Gewürznelken (ganz)
- ... mit Wacholderbeeren (frisch oder getrocknet)
- ... mit Lorbeerblättern (frisch oder getrocknet)
- ... mit Piment
- ... mit Anis

Nimm bei den losen Gewürzen auf einen Liter Flüssigkeit nicht mehr als einen Teelöffel, von den Gewürznelken nur drei bis fünf Stück, damit der Geschmack nicht zu stark wird.

GRUNDREZEPT ZWEITFERMENTATION

Zutaten:

1 l Wasserkefir aus dem Basisrezept, 2–4 Tage fermentiert

1 Handvoll Beeren oder Früchte (siehe Übersicht) oder 1 Handvoll frische Kräuter, bei getrockneten Kräutern nur die Hälfte der Menge (siehe Übersicht)

So geht's:

Beeren, Früchte oder Kräuter in ein sterilisiertes Glas mit 1,5 Liter Inhalt geben. Flüssigkeit aus dem Basisrezept darübergießen und das Glas mit einem Gäraufsatz oder einem sauberen Tuch (zum Beispiel Passiertuch) plus Gummiband verschließen.

Drei Tage in der Küche fermentieren lassen. Direkte Sonneneinstrahlung vermeiden.

Nach drei Tagen durch ein Sieb abgießen, Beeren oder Früchte auffangen und zum Kompostabfall geben.

Mit Akazienhonig oder einer veganen Alternative abschmecken und in Bügelflaschen füllen. Im Kühlschrank noch einen Tag nachreifen lassen, dabei entsteht noch einmal extra Kohlensäure.

Flaschen vorsichtig öffnen und das herrliche Getränk genießen!

Zweitfermentation mit ungewöhnlichen Zutaten

In meiner wilden Feuerkräuterküche wird experimentiert, was das Zeug hält. Und so habe ich verschiedene Zutaten ausprobiert, um herauszufinden, wie Wasserkefir damit schmeckt. Dabei habe ich einen Favoriten entdeckt, der uns alle erstaunt hat: die Zweitfermentation mit Moos, Trauben, Tannen- und Kiefernnadeln. Die drei Flaschen des Prototyps haben wir mit Freunden zu einem ländlichen Essen mit geröstetem Brot und Ofengemüse verputzt und sind dann gemeinsam auf den Namen für diese Variante gekommen. Nordstory heißt das Rezept und ist damit eine Hommage an die experimentelle skandinavische Küche mutiger Köche wie René Redzepi in seinem Restaurant NOMA in Kopenhagen.

Die erste Fermentation ist wieder die des Basisrezepts und sollte schon jetzt angenehm duften und lecker schmecken. Gieße die Flüssigkeit durch ein Sieb und fange sie in einer Schüssel auf, die du vorher mit heißem Wasser ausgespült hast. Dann gehst du vor wie in den Rezepten angegeben.

Ohne Moos nix los

Ich hab's getan. Tatsächlich habe ich Moos in der Zweitfermentation meines Wasserkefirs eingesetzt. Keine Ahnung, ob das vor mir schon mal jemand gemacht hat, aber ich halte es da so, wie Pippi Langstrumpf: „Ich habe das noch nie gemacht, also wird es bestimmt klappen!" Ephraims Tochter hat recht behalten und deshalb präsentiere ich dir hier auch gleich das Rezept für die ziemlich grüne Variante des Wasserkefirs, bei dem ich außer Moos auch Tannen- und Kiefernnadeln verwendet habe.

Also, ab in den Wald und Zutaten ernten! Aber bitte mit Respekt. Packe die kleine Gartenschere und ein Messer ein und schaue dich nach Ästen um, die abgebrochen sind oder die du an umgestürzten Bäumen abschneiden kannst. Du brauchst nicht viel, nimm deshalb auch nicht mehr, als du verarbeiten willst. Besonders wichtig ist es auch hier, nur das zu verwenden, was du hundertprozentig bestimmen kannst.

So sehr ich Experimente liebe, frage bitte unbedingt immer jemanden, der sich auskennt, wenn du dir nicht sicher bist. Und noch was: Bitte recycle nicht das Moos aus einem gekauften Weihnachtsgesteck oder die Tannenzweige vom Floristen. Keiner weiß, womit die Deko vorher besprüht wurde, um sie haltbar zu machen. Und selbst wenn du es wüsstest, möchtest du es bestimmt nicht in deinem gesunden Wasserkefir haben.

Eibe

Auf gar keinen Fall dürfen Nadeln der immergrünen Eibe verwendet werden, diese sind nämlich hochgiftig. Eiben haben weiche flache Nadeln, die nicht stechen. Sie sind auf der Oberseite dunkelgrün und auf der Unterseite heller. Zwischen Februar und April tragen die weiblichen Exemplare rote Früchte, die ebenfalls giftig sind.

Zu den ungewöhnlichen Zutaten gehören auch Tannennadeln. Pflücke nur, was du brauchst, und immer so hoch, dass weder die Hinterlassenschaften von Hunden noch der bodennahe Fuchsbandwurm eine Chance hat.

NORDSTORY

Zutaten:

1 l Wasserkefir aus dem Basisrezept, 2–4 Tage fermentiert

1 Handvoll frisches Moos

1 Handvoll Tannen- und Kiefernnadeln

15 halbierte grüne Weintrauben

250 ml Wasser

50–100 ml Waldhonig oder Agavendicksaft für die vegane Version

So geht's:

Tannen- und Kiefernnadeln mit einer Schere vom Zweig abschneiden und in einen Mixer geben. Moosspitzen abschneiden und ebenfalls hineingeben. Wenn du einen Mixer mit einem kleinen und einem großen Gefäß hast, nimm das kleinere Gefäß, dann gelingt das Zerkleinern besser.
Wasser hinzugeben und mixen, bis eine supergrüne Flüssigkeit entstanden ist.
Flüssigkeit durch ein feines Sieb gießen und auffangen, das Mus, das im Sieb verbleibt, mit einem Löffel ausdrücken und dann zum Kompostabfall geben.
Grüne Flüssigkeit gut rühren und zum Wasserkefir geben, Mischung in ein 1,5 Liter fassendes Glas füllen.
15 halbierte Weintrauben vorsichtig in die Flüssigkeit plumpsen lassen oder vorher in das Glas legen.
Glas mit einem Gäraufsatz oder Deckel verschließen, Vorgang kontrollieren und zwischendurch etwas Kohlensäure entweichen lassen.
Drei Tage in der Küche fermentieren lassen. Direkte Sonneneinstrahlung vermeiden.
Nach drei Tagen durch ein Sieb abgießen, Trauben auffangen und zum Kompostabfall geben.
Mit Waldhonig oder Agavendicksaft abschmecken und in Bügelflaschen füllen. Im Kühlschrank einen Tag nachreifen lassen, dabei entsteht noch einmal extra Kohlensäure.
Flaschen vorsichtig öffnen und das herrliche grüne Waldgetränk genießen!

Das grüne Getränk für Waldfeen schmeckt zauberhaft und wird noch schöner, wenn man das Glas mit einem Rand aus Zucker und getrocknetem Moos verziert.

So machst du einen Moosrand für Waldfeen

Der Rand des Glases wird dazu erst kopfüber in kaltes Wasser und anschließend in eine vorbereitete Mischung aus feinem Zucker und abgeschnittenem getrocknetem Moos getaucht. So kannst du gleich mehrere Gläser für einen Aperitif vorbereiten. Ein Tannenzweig dient außerdem als schicker Cocktail-Stick.

BITTERORANGE

Dieses Rezept erinnert verdächtig an einen bekannten Aperitif, bei dem Orangensaft mit einem italienischen Likör gemischt wird, der leicht bitter schmeckt. Die Wasserkefirvariante ist ebenfalls etwas bitter und fruchtig, insgesamt aber viel leichter und alkoholfrei. (Für alle, die keinen Alkohol vertragen: Bitte unbedingt das erste Kapitel über die Inhaltsstoffe des Wasserkefirs lesen.)

Zutaten:

1 l Wasserkefir aus dem Basisrezept, 2–4 Tage fermentiert

1 Handvoll getrockneten Wermut, Schafgarbe oder Löwenzahn

2 Blutorangen

50–100 ml Orangen- oder Akazienhonig, alternativ Agavendicksaft für die vegane Version

Rosmarinzweige und Orangenscheiben zum Garnieren

So geht's:

Die trockenen Kräuter in ein Glas geben, das etwa 1,5 Liter fasst. Die Orangen mit heißem Wasser abbrausen, vierteln und zu den Kräutern geben.
1 Liter Wasserkefir aus dem Basisrezept über Orangen und Kräuter gießen. Glas mit einem Gäraufsatz oder Deckel verschließen, Vorgang kontrollieren und zwischendurch etwas Kohlensäure entweichen lassen.
Drei Tage in der Küche fermentieren lassen. Direkte Sonneneinstrahlung vermeiden.
Nach drei Tagen durch ein Sieb abgießen, Kräuter und Orangen auffangen und zum Kompostabfall geben.
Aufgefangene Flüssigkeit mit dem Honig oder Agavendicksaft abschmecken und in Bügelflaschen füllen. Im Kühlschrank einen Tag nachreifen lassen, dabei entsteht noch einmal extra Kohlensäure.
Flaschen vorsichtig öffnen und den Aperitif in einem Weinglas mit einer Orangenscheibe und einem Rosmarinzweig garnieren und kühl servieren. Auf Wunsch einige Eiswürfel hinzugeben.

CRANBERRY-ROSA PFEFFER

Wasserkefir mit Cranberry und rosa Pfefferkörnern schmeckt blumig, fruchtig und sehr besonders. Rosa Pfeffer ist nicht scharf, denn eigentlich handelt es sich nicht um echten Pfeffer, sondern um die Beeren des Schinusbaums, der vor allem in Mittel- und Südamerika und auf der tropischen Insel La Réunion beheimatet ist. Die kleinen rosaroten Kügelchen verleihen dem außergewöhnlichen Getränk einen speziellen, leicht pfeffrigen Kick.

Zutaten:

1 l Wasserkefir aus dem Basisrezept, 2–4 Tage fermentiert

1 Handvoll frische oder getrocknete Cranberrys (frische Cranberrys durchschneiden oder mit einem scharfen Messer anritzen)

1 EL rosa Pfefferkörner

50–100 ml Akazienhonig oder Agavendicksaft für die vegane Version

Einige Cranberrys zum Garnieren

So geht's:

Die Cranberrys und die Pfefferkörner in ein Glas geben, das etwa 1,5 Liter fasst.
1 l Wasserkefir aus dem Basisrezept über Cranberrys und Pfefferkörner gießen.
Glas mit einem Gäraufsatz oder Deckel verschließen, Vorgang kontrollieren und zwischendurch etwas Kohlensäure entweichen lassen.
Drei Tage in der Küche fermentieren lassen. Direkte Sonneneinstrahlung vermeiden.
Nach drei Tagen durch ein feines Sieb abgießen, Cranberrys und Pfefferkörner auffangen und zum Kompostabfall geben.
Aufgefangene Flüssigkeit mit dem Honig oder Agavendicksaft abschmecken und in Bügelflaschen füllen. Im Kühlschrank einen Tag nachreifen lassen, dabei entsteht noch einmal extra Kohlensäure.
Flaschen vorsichtig öffnen und das fertige Getränk in schicke Gläser füllen, in die man vorher einige Cranberrys gelegt hat.

SCHLEHENKICK

Schlehen sind die dicken dunkelblauen Beeren, die an ziemlich stacheligen Sträuchern wachsen und meistens schon vor dem Frost von Vögeln gefuttert werden. Natürlich sei es ihnen gegönnt, aber wenn man wenigstens eine Handvoll für das Wasserkefir ergattern kann, hat man etwas sehr Besonderes für die Zweitfermentation. Einfach so vom Strauch essen kann man sie nicht, und falls man es doch versucht, ziehen sie einem so die Schleimhäute zusammen, dass man weit über den Valentinstag hinaus einen Kussmund behält. Wenn es friert, zieht sich die in den Beeren enthaltene Gerbsäure in das Gehölz zurück und die Früchte werden milder. Da man das wegen der Vögel aber meistens nicht abwarten kann, sollte man schon im Oktober ernten und die Beeren in einem Glas in den Tiefkühlschrank stellen. Dort verlieren sie auch an Säure und sind dann bei Bedarf leicht entnehmbar. Schlehen enthalten viel Vitamin C und geben dem Wasserkefir eine kräftige Farbe. In Kombination mit Lorbeer und Thymian entsteht ein interessantes, leicht herbes Aroma. Je nach Geschmack kann man das Getränk mehr oder weniger stark süßen.

Zutaten:

1 l Wasserkefir aus dem Basisrezept, 2–4 Tage fermentiert

1 Handvoll Schlehen, die vorher tiefgefroren waren

4 Lorbeerblätter (frisch oder getrocknet)

2 EL Thymian (frisch oder getrocknet)

50–100 ml Akazienhonig oder Agavendicksaft für die vegane Version

Einige Schlehen zum Garnieren

So geht's:

Schlehen, Lorbeerblätter und Thymian in ein Glas geben, das etwa 1,5 Liter fasst.
1 l Wasserkefir aus dem Basisrezept über Beeren und Kräuter gießen.
Glas mit einem Gäraufsatz oder Deckel verschließen, Vorgang kontrollieren und zwischendurch etwas Kohlensäure entweichen lassen.
Drei Tage in der Küche fermentieren lassen. Direkte Sonneneinstrahlung vermeiden.
Nach drei Tagen durch ein feines Sieb abgießen, Schlehen und Kräuter auffangen und zum Kompostabfall geben.

In den Gläsern ist immer was los. Die Zutaten schwimmen nach oben, sinken wieder auf den Grund hin. Lebendige Mikroorganismen am Werk!

Aufgefangene Flüssigkeit mit dem Honig oder Agavendicksaft abschmecken und in Bügelflaschen füllen. Im Kühlschrank einen Tag nachreifen lassen, dabei entsteht noch einmal extra Kohlensäure.

Flaschen vorsichtig öffnen und das fertige Getränk in schicke Gläser füllen, in die man vorher eine Schlehe gelegt hat. Wer mag, kann noch einen Zweig frischen Thymian mit in das Getränk geben.

Statt Champagner: Die festliche Variante

Das Knallen des Korkens signalisiert den festlichen Moment, und das zauberhafte Perlen echten Champagners im Glas gibt ein Prinzessinnengefühl. Kaum ein anderes Getränk kann da mithalten, nur unser Wasserkefir ist bereit und imstande, dem Champagner alkoholfreie Konkurrenz zu machen. Noch festlicher wird das Ganze, wenn das Glas ganz prinzessinnenhaft mit einem Zuckerrand verziert wird. Dazu den Rand des Glases erst kopfüber in Wasser und anschließend in feinen Zucker tauchen.

Flasche, Gäraufsatz oder Tuch bei der Zweifermentation?

Das Spielfeld ist die entstehende Kohlensäure, die natürlich nicht entweichen sollte, bei zu viel ZISCH aber auch für kleine Explosionen sorgen kann. Die Flasche ist weniger geeignet, weil es unpraktisch ist, die Zugaben durch den schmalen Flaschenhals zu bekommen. Beim Tuch entweicht zu viel Kohlensäure, Favorit ist also der Gäraufsatz. Du hast (noch) keinen? Dann verschließe das Glas mit einem Deckel und lasse jeden Tag ein wenig Druck ab, indem du den Deckel vorsichtig und kurz öffnest.

PRINZESSINNENDRINK

Zutaten:

1 l Wasserkefir aus dem Basisrezept,
2–4 Tage fermentiert
1 Handvoll grüne Trauben
1 Handvoll rote Trauben
1 EL feine Rosinen
50–100 ml Sommerblütenhonig
oder Agavendicksaft für die vegane Version

So geht's:

Die Trauben halbieren und in ein Glas geben, das etwa 1,5 Liter fasst.
Die Rosinen hinzugeben.
1 l Wasserkefir aus dem Basisrezept über Trauben und Rosinen gießen.
Glas mit einem Gäraufsatz oder Deckel verschließen, Vorgang kontrollieren und zwischendurch etwas Kohlensäure entweichen lassen.
Drei Tage in der Küche fermentieren lassen. Direkte Sonneneinstrahlung vermeiden.
Nach drei Tagen durch ein feines Sieb abgießen, Trauben und Rosinen auffangen und zum Kompostabfall geben.
Aufgefangene Flüssigkeit mit dem Honig oder Agavendicksaft abschmecken und in Bügelflaschen füllen. Im Kühlschrank einen Tag nachreifen lassen, dabei entsteht noch einmal extra Kohlensäure.
Flaschen vorsichtig öffnen und das fertige Getränk in Sektgläser füllen, gut gekühlt servieren und glücklich damit anstoßen!

Wenn es etwas zu feiern gibt, ist die festliche Variante des Wasserkefirs genau das richtige Getränk, das es locker mit Champagner aufnehmen kann.

Was ist Kombucha?

Beim großen Bruder des Wasserkefirs handelt es sich ebenfalls um eine Kultur, die als Basis für ein fermentiertes Getränk mit Tee verwendet wird. Wenn du schon mal jemanden von seinem SCoBY hast sprechen hören, dann meinte er oder sie damit wahrscheinlich nicht den Hund, sondern einen Hefepilz, der ein bisschen so aussieht wie eine sehr gepflegte Qualle. Wie schon im Kapitel über Wasserkefir beschrieben, steht die Abkürzung für „Symbiotic Culture of Bacteria and Yeast", also eine Kultur aus Bakterien und Hefen, die sich gegenseitig nützen. Der Kombucha-Pilz unterscheidet sich jedoch von den Wasserkefirkristallen durch eine andere Zusammensetzung. Außerdem benötigt er Sauerstoff für die Fermentation, während der Wasserkefir auch im nahezu geschlossenen Glas den Veränderungsprozess durchläuft. Der Reifeprozess in der ersten Kombucha-Fermentation beträgt zwischen 10 und 15 Tagen, je nach gewünschtem Säuregrad. Insgesamt ist das entstehende Getränk saurer als der Wasserkefir, der allerdings auch mehr Restzucker enthält, weil er nicht so lange fermentiert wie der Kombucha. Letzten Endes ist es eine Frage des Geschmacks, ob man eher zum Team Wasserkefir oder zum Team Kombucha gehört. Glücklicherweise muss sich aber keiner entscheiden, denn man kann locker beides parallel brauen.

Herstellung

Um seinen eigenen SCoBY hegen und pflegen zu können, muss man erst mal einen ins Haus holen. Da sich die meist kreisrunden und etwas glibberigen Kerle aber bei liebevollem Umgang im Gärgefäß vermehren, ist es durchaus möglich, einen Hefepilz von einem begeisterten Kombucha-Freund zu bekommen. Man selbst kann dann später die Hefepilz-Ableger auch weitergeben und andere mit diesem interessanten Phänomen erfreuen. Wer gleich beginnen will, bestellt sich ein komplettes Kombucha-Starterset (Bezugsquellen im Anhang). Da ist einschließlich eines perfekten SCoBYS alles drin, was man braucht, um ein erfolgreicher Braumeister zu werden.

Außerdem benötigt man ein Gärgefäß, ein Edelstahl- oder Kunststoffsieb, ein Passiertuch zum Abseihen und ein blitzsauberes Küchenhandtuch zum Abdecken des Ganzen. Als Gärgefäß eignet sich ein großes Glas mit etwa 2,5–3 Liter Inhalt. Man sollte mit der Hand hineingreifen können, um den Hefepilz oder dessen Ableger zu entnehmen, ohne ihn dabei zu beschädigen. Das Sieb kommt bei der Kombucha-Herstellung erst bei der Zweitfermentation zum Einsatz. Bei diesem zweiten Schritt wird die Flüssigkeit ohne den Pilz noch einmal mit verschiedenen Zutaten angesetzt und ohne Sauerstoffzufuhr für einige Tage weiter fermentiert. In diesem zweiten Vorgang entsteht keine weitere Säure mehr, die Hefen aber verarbeiten den Zucker zu Kohlensäure und der Geschmack der zugegebenen Früchte wird aufgenommen. Die Zweitfermentation ist optional, bei der Erstfermentation mit SCoBY kann man durch die Verwendung verschiedener Teesorten auch unterschiedliche Geschmacksvariationen erzeugen. Im Grundrezept erkläre ich die Teeverwendung und in den Rezepten für die Zweitfermentation wie man seinem Kombucha einen besonderen Kick verleiht.

Bitte lies dir das Kapitel über Hygiene durch, bevor du loslegst. Und falls sich mal Kulturen wie Schimmel oder Kahmhefe einschleichen sollten, die du nicht auf deinem Kombucha haben willst, schaue ebenfalls im Kapitel Hygiene nach, was du tun kannst. Lasse im Zweifelsfall aber immer dein Gefühl entscheiden. Wenn ein Ferment nicht gut riecht, verschimmelt ist oder unangenehm schmeckt, dann wirf es lieber weg, als dir etwas einzuverleiben, was dir nicht guttut.

So sieht ein SCoBY („Symbiotic Culture of Bacteria and Yeast“) aus, der am Anfang jeder Kombucha-Braukunst steht.

Rezepte

GRUNDREZEPT KOMBUCHA

Zutaten:

2 l Wasser (Mineralwasser oder gutes Leitungswasser)

5 TL oder 5 Teebeutel schwarzen, grünen oder Kräutertee

150 g Rohrzucker

2 EL naturtrüben Apfelessig

1 Kombucha-Pilz

300 ml Starterflüssigkeit (Du bekommst es sicher mit auf den Weg, wenn ein anderer Kombucha-Freund dir einen SCoBY schenkt, ansonsten kaufst du eine Flasche fertigen Kombucha oder ein Starterkit, bei dem der Pilz schon in der Starterflüssigkeit schwimmt.)

So geht's:

Koche den Tee (im Teesieb oder Teebeutel) und den Zucker in 1 Liter Wasser auf und lasse das Ganze anschließend etwa 15 Minuten ohne weitere Wärmezufuhr ziehen.
Rühre dabei immer wieder gut um, damit sich der Zucker vollständig auflöst.
Nimm nach 15 Minuten das Teesieb oder die Teebeutel heraus.
Gib 1 Liter kaltes Wasser in das Gärgefäß (Glas) und fülle es mit dem süßen Teewasser auf.
Füge die 300 ml Starterflüssigkeit hinzu.
Füge 2 EL naturtrüben Apfelessig hinzu.
Lasse den Pilz vorsichtig in die Flüssigkeit gleiten. Das geht am besten mit den Händen. Wasche sie vorher mit heißem Wasser, aber ohne Seife.
Jetzt wird das Glas mit einem Tuch abgedeckt, das mit einem Gummiband oder einer Baumwollschnur fixiert wird. Stelle das Glas jetzt an einen Ort, an dem es nicht kalt wird (am liebsten hat es der SCoBY um die 20 Grad), und decke es mit einem dunklen Küchentuch komplett ab, denn Kombucha scheut das Licht. Frische Luft ist wichtig (deshalb bitte nicht in einen Schrank stellen). Außerdem sollten keine Zimmerpflanzen in der Nähe stehen, denn das könnte die Schimmelbildung fördern. Lasse deinen Kombucha nun erst mal in Ruhe reifen. Er braucht je nach gewünschter Säure etwa 10–15 Tage für den Fermentationsprozess. Du darfst aber schon ab dem 5. Tag mit einem sauberen Strohhalm probieren. Sobald dir das Gebräu schmeckt, kannst du es in Flaschen abfüllen oder die Zweitfermentation starten. Im Laufe der Zeit wirst du herausfinden, zu welchem Zeitpunkt dir dein Kombucha am besten schmeckt. Da es sich um einen natürlichen Vorgang handelt, der durch die Beschaffenheit des Pilzes, durch Temperatur, Zugaben und Starterflüssigkeit beeinflusst wird, kann es sein, dass er nicht immer gleich schmeckt. Wichtig ist nur, dass du lecker findest, was du gebraut hast.
Wenn das Getränk dir schmeckt, kannst du es in Flaschen abfüllen. Verwende dazu Bügelflaschen oder andere Flaschen, die du fest verschließen kannst. Bierflaschen oder Mineralwasserflaschen sind gut geeignet, da sie der Kohlensäure auf jeden Fall standhalten. Halte 300 ml der Flüssigkeit für den neuen Kombucha-Ansatz in einem sauberen Glas zurück.
Du willst Kombucha mit Pfiff? Dann ist dies der Zeitpunkt, zu dem du die Zweitfermentation starten kannst. In den Rezepten findest du Anregungen für coole Kombucha-Getränke.
Mit dem Kombucha-Pilz und 300 ml der Flüssigkeit vom letzten Durchgang kannst du gleich wieder einen neuen Ansatz starten. Du kannst bei einem neuen Ansatz eine andere Teesorte verwenden. Berücksichtige dabei, dass sich der Pilz erst daran gewöhnen muss und die Fermentation dadurch möglicherweise etwas länger dauert.
Wenn du lieber eine Pause machen willst, kannst du den Pilz in der Flüssigkeit in einem luftdicht verschlossenen Glas etwa drei Wochen im Kühlschrank aufbewahren. Nach dieser Zeit braucht er neue Nahrung. Für eine längere Pause kannst du die Flüssigkeit austauschen und dem Pilz mit 300 ml fertigem Kombucha (selbst gemacht oder gekauft) neues Futter für die nächsten drei Wochen geben.

So sieht der Kombucha-Ansatz aus, bevor der Fermentationsprozess beginnt.

Zweitfermentation Kombucha

Wie gesagt, Zweitfermentation muss nicht sein, macht aber Spaß und ist echt lecker. Probier es also einfach mal aus und entscheide dann, ob du bei der Basisversion bleibst oder dein Kombucha mit anderen Zutaten weiter fermentieren lässt. Die Rezepte sind so ausgewählt, dass die Zutaten zum Geschmack des Tees passen, mit dem dein Kombucha angesetzt wurde.

Spannend bleibt immer, dass bei der Zweitfermentation (mehr) Kohlensäure entsteht. Bei meinen ersten Experimenten ist mir mal der komplette Flascheninhalt um die Ohren geflogen. Nachdem ich die Küche und mich selbst geputzt hatte, habe ich mich eines Besseren besonnen. Ich habe die Zweitfermentation nicht mehr in der Flasche angesetzt, sondern in einem Glas, das ich mit einem Passiertuch abgedeckt habe. Du kannst auch einen Gäraufsatz verwenden. Ich lasse außerdem immer ein bisschen Platz bis zum Rand, damit ordentlich was passieren kann, ohne dass es überläuft, wenn ich es öffne. Erst nach der Zweitfermentation fülle ich das fertige Getränk in Bügelflaschen. Auch darin entsteht neue Kohlensäure, die man hin und wieder kontrolliert entweichen lassen sollte, damit die Flasche nicht übersprudelt, wenn man das Ergebnis der eigenen Braukunst endlich genießen will.

Rezepte Zweitfermentation

ERDBEER-MINZ-KOMBUCHA

Zutaten:

1,5 l fertiges Kombucha aus Schwarztee oder Grüntee nach der Erstfermentation

2 Hände voll frische oder gefrorene Erdbeeren

5 Zweige frische Minze oder 2 EL getrocknete Minze, alternativ Minzsirup

So geht's:

Ein Glas bereitstellen, in das etwa 2,5–3 Liter Flüssigkeit passen.

Erdbeeren zupfen, waschen und teilen, gefrorene Erdbeeren auftauen. Danach in das Glas geben.

Minzblättchen abzupfen, mit dem Messer etwas zerkleinern und auf die Erdbeeren streuen, trockene Minze kurz im Mörser anreiben.

Das fertige Kombucha aus der Erstfermentation in das Glas geben.

Jetzt wird das Glas mit einem Deckel oder einem Gärverschluss fest verschlossen.

Das Glas braucht nun nicht mehr dunkel zu stehen, direkte Sonneneinstrahlung sollte aber vermieden werden. Du kannst die Zweitfermentation jetzt gut beobachten, in deinem Glas wird jede Menge los sein. Erdbeeren bewegen sich nach oben, Minzblättchen trudeln durch das Glas und die Farbe verändert sich, je nachdem, wie dunkel die Ausgangsflüssigkeit war. Es kann auch sein, dass Schaum entsteht, dann unbedingt den Deckel kurz abdrehen und Überdruck entweichen lassen.

Ein bis zwei Tage fermentieren lassen (nach einem Tag mit einem sauberen Strohhalm oder sterilisierten Löffel probieren).

Danach die Flüssigkeit durch ein Sieb abgießen, in das vorher ein Passiertuch gelegt wurde. Lässt man das Tuch weg, kann es sein, dass feine Erdbeerhärchen und Minzblättchen in das Getränk geraten.

Flüssigkeit je nach Geschmack nachsüßen.

In Bügelflaschen oder Mineralwasserflaschen füllen, fest verschließen und im Kühlschrank aufbewahren. Innerhalb von ein bis zwei Wochen aufbrauchen.

Bitte beachte, dass immer noch etwas Kohlensäure entsteht. Deshalb kann es sein, dass die Flasche ziemlich ploppt, wenn du sie öffnest. Halte sie deshalb zur Sicherheit über das Spülbecken.

GRÜNTEE-LEMONGRAS-KOMBUCHA

Zutaten:

1,5 l fertiges Kombucha aus Grüntee nach der Erstfermentation

3 Stängel frisches oder 2 EL getrocknetes Lemongras

2 Limetten, Zitronen oder Mandarinen (nach Wunsch) heiß abgewaschen und mit Schale in Scheiben geschnitten

So geht's:

Ein Glas bereitstellen, in das etwa 2,5–3 Liter Flüssigkeit passen. Lemongrasstängel in kleinere Stücke schneiden und in das Glas geben.

Getrocknetes Lemongras im Mörser kurz anreiben.

Die Scheiben der Zitrusfrüchte in das Glas geben.

Das fertige Kombucha aus der Erstfermentation in das Glas geben.

Jetzt wird das Glas mit einem Deckel oder einem Gärverschluss fest verschlossen.
Das Glas braucht nun nicht mehr dunkel zu stehen, direkte Sonneneinstrahlung sollte aber vermieden werden. Du kannst die Zweitfermentation jetzt gut beobachten, in deinem Glas wird jede Menge los sein. Die Scheiben der Zitrusfrüchte bewegen sich im Glas und Lemongrasstängel schwimmen im Kombucha. Auch die Farbe verändert sich, je nachdem, wie dunkel die Ausgangsflüssigkeit war. Es kann auch sein, dass Schaum entsteht, dann unbedingt den Deckel kurz abdrehen und Überdruck entweichen lassen.
Ein bis zwei Tage fermentieren lassen (nach einem Tag mit einem sauberen Strohhalm oder sterilisierten Löffel probieren). Danach die Flüssigkeit durch ein Sieb abgießen, in das vorher ein Passiertuch gelegt wurde. Lässt man das Tuch weg, kann es sein, dass das harte Lemongras und Zitrusfruchtfleisch in das Getränk geraten. Flüssigkeit je nach Geschmack nachsüßen.
In Bügelflaschen oder Mineralwasserflaschen füllen, fest verschließen und im Kühlschrank aufbewahren. Innerhalb von ein bis zwei Wochen aufbrauchen.
Bitte beachte, dass immer noch etwas Kohlensäure entsteht. Deshalb kann es sein, dass die Flasche ziemlich ploppt, wenn du sie öffnest. Halte sie deshalb zur Sicherheit über das Spülbecken.

KRÄUTER-CRANBERRY-KOMBUCHA

Zutaten:

1,5 l fertiges Kombucha aus Kräutertee nach der Erstfermentation

1 Handvoll frische oder getrocknete Cranberrys

1 Stängel Rosmarin oder 1 EL getrockneter Rosmarin

So geht's:

Ein Glas bereitstellen, in das etwa 2,5–3 Liter Flüssigkeit passen.
Cranberrys hinzugeben (frische Cranberrys waschen und leicht einritzen).
Stängel Rosmarin waschen, abschütteln und in das Glas geben. Getrockneten Rosmarin im Mörser kurz anreiben.
Das fertige Kombucha aus der Erstfermentation in das Glas geben.
Jetzt wird das Glas mit einem Deckel oder einem Gärverschluss fest verschlossen.
Das Glas braucht nun nicht mehr dunkel zu stehen, direkte Sonneneinstrahlung sollte aber vermieden werden. Du kannst die Zweitfermentation jetzt gut beobachten, in deinem Glas wird jede Menge los sein. Die Cranberrys werden durch das Glas tanzen, der Rosmarin wird sich bewegen und auch die Farbe verändert sich, je nachdem, wie dunkel die Ausgangsflüssigkeit war. Es kann auch sein, dass Schaum entsteht, dann unbedingt den Deckel kurz abdrehen und Überdruck entweichen lassen.
Ein bis zwei Tage fermentieren lassen (nach einem Tag mit einem sauberen Strohhalm oder sterilisierten Löffel probieren).
Danach die Flüssigkeit durch ein Sieb abgießen, in das vorher ein Passiertuch gelegt wurde. Lässt man das Tuch weg, kann es sein, dass Rosmarinteilchen und Cranberryschalen in das Getränk geraten.
Flüssigkeit je nach Geschmack nachsüßen.
In Bügelflaschen oder Mineralwasserflaschen füllen, fest verschließen und im Kühlschrank aufbewahren. Innerhalb von ein bis zwei Wochen aufbrauchen.
Bitte beachte, dass immer noch etwas Kohlensäure entsteht. Deshalb kann es sein, dass die Flasche ziemlich ploppt, wenn du sie öffnest. Halte sie deshalb zur Sicherheit über das Spülbecken.

Was ist Tepache?

Tepache ist eine unglaublich leckere fermentierte Limonade und wird vor allem in Mexiko literweise getrunken. Dort kommt auch das Originalrezept her, das man in jeder Bar bestellen kann. Das zum Teil feurige Getränk ist hervorragend dazu geeignet, schon mitten im Winter ein Summer Feeling zu erreichen, das dich gefühlt an den Strand versetzt und das Meer hören lässt. Und das im Prinzip ohne Alkohol. Allerdings entsteht bei der Fermentation von Zucker Alkohol, dessen Gehalt je nach Fermentationsdauer ungefähr so hoch wie bei alkoholfreiem Bier ist. Also, lieber die Kräuterlimo mit Ananas trinken, wenn du Alkohol vermeiden willst. (Du findest das Rezept im nächsten Kapitel.) Bei den Tepache-Rezepten gibt es auch eine weniger scharfe Variante, falls du es milder magst, aber trotzdem südamerikanisches Flair in deine Küche holen willst. Antreiber für den wilden Fermentationsprozess ist bei Tepache keine Kultur, die zugegeben wird, sondern die in der Schale der Ananas enthaltenen Hefen und Bakterien fachen das Ganze an.

Im Gegensatz zu Wasserkefir und Kombucha macht man bei Tepache keine Zweitfermentation. Es gibt einen einzigen, recht schnellen Fermentationsdurchgang, bei dem alle Zutaten ihre Aromen abgeben und die Mischung zu einem außergewöhnlichen und unverschämt leckeren Getränk machen. Man kann es vor dem Wochenende ansetzen und gleich am Sonntag seinen Gästen anbieten.

Herstellung

Die Herstellung von Tepache ist denkbar einfach. Du kannst mit verschiedenen Gewürzen variieren, je nachdem, wie kräftig und scharf du es haben willst. Dies ist das Grundrezept, außerdem stelle ich dir einige Varianten vor. Für den Start des Fermentationsprozesses ist Zucker erforderlich.

Tepache ist ein wildes Ferment, das ohne die Zugabe einer Kultur entsteht. Die auf der Schale vorhandenen Hefen und Bakterien bringen den Prozess in Schwung. Deshalb auf keinen Fall die Schale entfernen.

Man kann alternativ aber auch Honig oder die im Kapitel zu den Oxymels angegebenen veganen Alternativen verwenden. Achte beim Tepache dann aber darauf, dass es möglicherweise schneller sauer wird. Außerdem solltest du mit den Mengen des Süßungsmittels experimentieren, da Honig, Reissirup und andere Süßungsmittel oft eine höhere Süßkraft haben als Zucker. Beginne dann mit der Hälfte der angegebenen Zuckermenge. Künstlicher Süßstoff ist jedoch nicht geeignet.

Ananas gärt schnell und kann je nach Reifegrad auch mal übers Ziel hinausschießen. Deshalb darf sie auf keinen Fall zu lange fermentieren. Wenn es Kohlensäure im Glas gibt, kannst du sie abgießen, dann bleibt der feine Geschmack erhalten. Gärt die Ananas zu stark, kann es passieren, dass der Effekt „kippt" und das Ganze nicht mehr schmeckt. Beobachte deshalb den Tepache-Ansatz besonders gut und probiere hin und wieder, ob das Ergebnis schon deinen Erwartungen entspricht. Wenn alles klappt, ist dieser Drink einzigartig lecker und sieht richtig schön aus. Abgegossen und in die Bügelflasche abgefüllt hält er sich im Kühlschrank etwa eine Woche.

Rezepte für Tepache

GRUNDREZEPT TEPACHE

Zutaten:

1 Ananas, gewaschen und mit Schale in grobe Stücke geschnitten

100 g Rohrzucker, ggf. 50 g eines alternativen Süßungsmittels, für einen Cola-Look mit kräftigem Geschmack braunen Zucker verwenden

1 l Wasser

Gewürze nach Geschmack (siehe Rezepte Tepache)

So geht's:

Die Ananas mit heißem Wasser abwaschen, Blätter und Boden abschneiden und mit Schale in grobe Stücke zerschneiden. Ananasblätter aufbewahren, um sie später als Dekoration im Glas zu verwenden.

Zucker durch häufiges Rühren oder leichtes Erhitzen im Wasser auflösen.

Ananasstücke in ein Glas schichten, das etwa 1,5–2 Liter fasst.

Wasser mit aufgelöstem Zucker hinzugeben.

Gewürze nach Geschmack hinzufügen.

Glas mit Gäraufsatz, Passiertuch oder Küchenkrepp verschließen und an einem warmen Ort ohne direkte Sonneneinstrahlung ein bis zwei Tage fermentieren lassen.

Die Flüssigkeit durch ein feines Sieb in eine Schüssel abgießen, Ananasstücke und Gewürze auffangen und zum Kompostabfall geben.

Aufgefangene Flüssigkeit abschmecken (ggf. nachsüßen), auf Wunsch Eiswürfel und Ananasstücke hinzugeben, ein heiß abgewaschenes Ananasblatt ins Glas stellen und gut gekühlt servieren.

Tepache-Variationen

FEURIGE VARIANTE

Grundrezept Tepache verwenden,
außerdem folgende ***Zutaten*** mit ins Glas geben:

5 kleine scharfe Chilis, wenn es ganz scharf werden soll, vorher halbieren und mit Kernen zwischen den Ananasstücken verteilen.

100 g Ingwer waschen, in feine Scheiben schneiden und zwischen die Ananasstücke schichten.

1 TL Pimentkörner hinzufügen, die man vorher in einem Mörser leicht zerstoßen hat.

Danach vorgehen wie im Grundrezept beschrieben.

MILDE VARIANTE

Grundrezept Tepache verwenden, außerdem folgende ***Zutaten*** mit ins Glas geben:

1 halbierte Vanillestange (Vanille nicht herauskratzen)

1 Zimtstange

1 Orange, heiß abgewaschen und in Scheiben geschnitten

Danach vorgehen wie im Grundrezept beschrieben.

WÜRZIGE VARIANTE

Grundrezept Tepache verwenden, außerdem folgende ***Zutaten*** mit ins Glas geben:

2 Zimtstangen

3 grüne Kardamomkapseln, vorher im Mörser leicht zerstoßen

1 TL Pimentkörner, vorher im Mörser leicht zerstoßen

5 Gewürznelken, vorher im Mörser leicht zerstoßen

1 Limette, heiß abgewaschen und in Scheiben geschnitten

Danach vorgehen wie im Grundrezept beschrieben.

PINA-COLADA-VARIANTE

Fertige Flüssigkeit aus dem Tepache-Grundrezept mit hellem Süßungsmittel und ohne Gewürze

100 g Kokosnusscreme oder 1 Dose Kokosmilch

Rohrzucker oder Zuckeralternative, jedoch kein künstlicher Süßstoff

Alle Zutaten im Hochleistungsmixer aufschlagen und gut gekühlt trinken. Eiswürfel aus Ananassaft bringen einen besonderen Frische-Kick.

Kühles, cooles Sommergetränk mit Kräutern einfach selbst gemacht. Cheers!

Wenn's schnell gehen soll: Ruck-zuck-Kräuterlimonade

Ein erfrischendes Sommergetränk mit Kräutern kannst du auf verschiedene Weise herstellen und nach Lust und Laune variieren. Am einfachsten ist es, Kräuter oder Obst in Sprudelwasser ziehen zu lassen, nach Wunsch zu süßen und im Handumdrehen zu servieren. Die folgenden Rezepte sind aber auch leicht nachzumachen und bringen alle ein kleines Highlight mit, das die Limo einzigartig werden lässt.

BASISREZEPT KRÄUTERLIMONADE

Zutaten:

500 ml Wasser, Sprudelwasser oder Wasserkefir aus Erstfermentation, je nach Vorliebe

500 ml Saft von Zitrusfrüchten, Äpfeln, Birnen, Rhabarber, je nachdem, was gerade da ist

Eine Handvoll frische feinere Kräuter, zum Beispiel Minze, Zitronenmelisse, Ananassalbei, Brennnessel oder Basilikum (Festere Kräuter wie Rosmarin, Thymian oder Salbei eignen sich besser für einen heißen Auszug; wenn du sie für die Limonade verwenden willst, musst du sie vorher klein schneiden und dann vor dem Servieren abgießen.)

5 EL Reissirup, Kokosblütenzucker, Rohrzucker oder Agavendicksaft, je nach Geschmack (Wer es nicht so süß mag, kann das Süßungsmittel auch weglassen.)

So geht's:

Es gibt zwei Varianten, je nachdem, wie viel Zeit du hast.
Ganz flugs: Saft in eine Kanne oder ein großes Glas geben, das mindestens einen Liter fasst. Kräuter abzupfen, ohne Stängel mit dem Wasser in den Mixer geben und auf hoher Stufe zerkleinern. Den grünen Sud durch ein feines Sieb zum Saft geben und mit einem Schneebesen umrühren. Mit dem Süßungsmittel abschmecken.
Einen festen Kräuterzweig (zum Beispiel Thymian, Rosmarin oder Salbei) oder schicke gelbe Zitronenscheiben in die Kanne geben und gleich servieren. Grün, lecker und gesund!

Mit etwas Geduld: Wasser und Saft zusammen ein großes Glas mit Schraubverschluss geben. Kräuter abschütteln oder vorsichtig waschen und mit Stängeln in die Flüssigkeit legen. Ein bis zwei Stunden im Kühlschrank ziehen lassen.
Danach durch ein Sieb in eine Kanne abgießen und mit dem Süßungsmittel abschmecken. Einen schönen, festen Kräuterzweig in die Kanne geben und auf Wunsch mit Eiswürfeln servieren.

GRÜNER-APFEL-KRÄUTERLIMONADE

Zutaten:

1 l Wasser, Sprudelwasser oder Wasserkefir aus Erstfermentation, je nach Vorliebe

2 große grüne Äpfel

2 Limetten

5 Zweige Zitronenmelisse

2 Zweige Minze, gern auch mit Blüten

5 EL Reissirup, Kokosblütenzucker, Rohrzucker oder Agavendicksaft, je nach Geschmack (wer es nicht so süß mag, kann das Süßungsmittel auch weglassen)

So geht's:

Einen Apfel waschen, vierteln und das Kerngehäuse entfernen, jedoch nicht schälen.

Anschließend die Apfelviertel in dünne Scheiben schneiden. In eine Kanne geben und sofort mit dem Saft einer halben Limette beträufeln, damit die Apfelscheiben nicht braun werden. Mit 750 ml Wasser übergießen. Den zweiten Apfel schälen, vierteln und das Kerngehäuse entfernen. In einen Mixer geben und sofort mit dem Saft einer halben Limette beträufeln. Kräuter ohne Stängel bis auf einige Blättchen für eine spätere Verzierung dazu und mit 250 ml Wasser auffüllen. Auf hoher Stufe mixen, bis ein grüner Sud entsteht, der mild nach Äpfeln und Kräutern duftet.

Durch ein Sieb direkt in die Kanne mit dem Wasser abgießen und zum Schluss nach Wunsch süßen. Minz- und Zitronenmelisseblättchen und Minzblüten (wenn du hast) sowie Eiswürfel als Verzierung mit dazu und gleich damit anstoßen. Very fresh!

Wilde Variationen

IST SIE ZU STARK, BIST DU ZU SCHWACH

Je nach Zutaten entstehen richtig schöne Farbkombinationen mit natürlichen Pflanzenfarbstoffen.

Zutaten:

1 l Sprudelwasser

2 EL Rohrzucker oder 4 EL Reissirup

1 Biozitrone, heiß abgewaschen. Eine Hälfte auspressen und die andere Hälfte in Scheiben schneiden.

1 daumengroßes Stück frischer Ingwer, gewaschen und fein gerieben. Austretende Flüssigkeit auffangen und mit in den Ansatz geben.

1 kleine frische Kurkumawurzel, gewaschen und fein gerieben. Austretende Flüssigkeit auffangen und mit in den Ansatz geben.

1 Chilischote, heiß abgewaschen, längs halbiert und entkernt, danach in kleine Streifen geschnitten

2 Stängel frische Minze, Ananassalbei oder Zitronenmelisse, die Blätter eines Stängels klein hobeln, die Blätter des anderen Stängels zum Garnieren aufheben.

Eiswürfel

So geht's:

Ingwer, Kurkumawurzel, Zitronensaft, Chili, Rohrzucker oder Sirup und die Blätter miteinander verrühren und mindestens zwei Stunden ziehen lassen. Danach durch ein feines Sieb abgießen und die Flüssigkeit auffangen. Auf vier große oder sechs kleinere Gläser verteilen und mit Sprudelwasser aufgießen. Mit frischen Kräutern, Zitronenscheiben und Eiswürfeln garnieren.

WARME WINTERLIMONADE

Zutaten:

500 ml Apfelsaft

500 ml Orangensaft

1 dicke Zitrone

1 Handvoll Cranberrys, Blaubeeren oder Schlehen, alternativ Holunder- oder Kirschsaft

2 Zimtstangen

2 Gewürznelken

5 Kardamomkapseln (öffnen und Samen in die Flüssigkeit geben)

1 Stängel frischer oder getrockneter Thymian

5 EL Honig, Reissirup oder Agavendicksaft

So geht's:

Zitrone auspressen und mit Säften, Beeren und Gewürzen vermischen. Alle Zutaten auf dem Herd erhitzen, aber nicht kochen lassen. Gewürze eine halbe Stunde in der heißen Flüssigkeit ziehen lassen. Durch ein Sieb abgießen und in dicken Gläsern heiß servieren. Auf Wunsch mit Zimtstange und Zitronenscheibe garnieren. Schmeckt im Notfall auch mit einem Schuss Whisky.

WOHLFÜHLEN IN JEDER LEBENSLAGE:

Getrocknete Kräuter und Blüten für leckere,
gesunde und schöne Kräutertees.

KRÄUTERTEE

So, jetzt geht es um Drogen. Aber keine Sorge, wir begeben uns nicht in die Unterwelt, sondern bleiben auf dem Teppich beziehungsweise ganz überirdisch auf dem Feld, im Garten oder am Wegesrand. In der Pharmazie werden nämlich getrocknete oder auf andere Weise haltbar gemachte Pflanzenteile mit wirksamen Inhaltsstoffen als Drogen bezeichnet. Und das gilt für das, was in unseren Tee kommt, genauso wie für die großen Brüder, die geraucht oder anderweitig konsumiert werden. Das Wort Droge kommt übrigens ursprünglich aus dem Niederländischen, wo trocken „droog" heißt. Über das Mittelhochdeutsche „dröge" gelangte es dann nach Frankreich, um über „drogue" schließlich als Lehnwort zu uns zu kommen. Jetzt aber schnell wieder zum Kräutertee.

Für viele ist es der Inbegriff von Gemütlichkeit: Nach einem langen Arbeitstag mit einem Becher Tee in den Händen, eingekuschelt in eine Wolldecke aufs Sofa und das gute warme Getränk Schluck für Schluck seine Wirkung tun lassen. Klingt herrlich, oder? Wenn man dann noch genau den Tee hat, der der eigenen Gesundheit und der Seele guttut, ist das Glück perfekt. Deshalb erfährst du in diesem Kapitel, wie du dir deinen eigenen Kräutertee zusammenstellen und ihn optimal zubereiten kannst. Einfach nur kochendes Wasser drüberkippen – so geht es jedenfalls nicht. Je nachdem, welche Bestandteile der Tee enthält, ist eine andere Zubereitungsart gefragt.

Welche Kräuter eignen sich und wie wirkt der Tee?

Alle Kräuter, die in diesem Buch beschrieben werden, kannst du auch als Teekräuter verwenden. Im Kapitel über Heilkräuter findest du Porträts der einzelnen Pflanzen, Wirkungsweisen und Anwendungsgebiete. Dort erfährst du auch, welche Pflanzen sich nicht für Tee eignen und wo Verwechslungsgefahr mit ähnlichen, aber giftigen Exemplaren besteht. Auch im Kapitel über Oxymels gibt es Anregungen, die sich problemlos auch auf Kräutertees übertragen lassen. Eine Handvoll frische Kräuter vom Spaziergang mitgebracht ist ebenso eine Option für deine Teepause wie die genau auf die aktuellen Bedürfnisse abgestimmte Kräuterteemischung.

Sowohl getrocknete als auch frische Kräuter sollten vor dem kalten oder heißen Teeaufguss immer kurz im Mörser angerieben werden (also nicht völlig platt quetschen und zu Mus verrühren, sondern nur kurz bearbeiten), damit sich die Wirkstoffe besser lösen, die ätherischen Öle austreten und im Wasser aufgenommen werden können. Sobald es ein wenig duftet, sind die Kräuter ausreichend für den weiteren Einsatz vorbereitet. Für frische und getrocknete Kräuter verwende ich gern einen Holzmörser mit einem relativ breiten Stampfer. Wurzeln und Rinden benötigen mehr Gewicht und Widerstand und können deshalb besser in einem Steinmörser oder einem gusseisernen Handmörser zerkleinert werden.

So bereitest du deinen Tee richtig zu:

Heißer Aufguss (Infusion): Das ist der Kräutertee so, wie wir ihn kennen. Blätter, Blüten oder fein zerkleinerte Wurzeln erst mit einem Schluck kaltem Wasser übergießen, damit sie nicht verbrennen. Anschließend mit 95 Grad heißem Wasser übergießen und abgedeckt ziehen lassen. So bleiben alle Wirkstoffe im Tee.

Kaltauszug (Mazerat): Es gibt wichtige Wirkstoffe, die durch die Hitze zerstört werden können. Deshalb ist es empfehlenswert, bestimmte Pflanzen kalt aufzugießen. Der Spitzwegerich enthält zum Beispiel wertvolle Schleimstoffe, die vor allem im kalten Wasser erhalten bleiben. Allerdings sollte man den Auszug bald trinken, damit sich keine Keime bilden. Ein Schuss Zitrone oder Apfelessig wirkt dem entgegen.

Abkochen (Dekokt): Harte Pflanzenbestandteile wie Rinden und Wurzeln werden mit kaltem Wasser angesetzt und dann etwa 10–30 Minuten gekocht, damit die Wirkstoffe entzogen werden. Danach durch ein Sieb abgießen.

Zur Ruhe kommen und genießen: Nimm dir deine kleine Auszeit mit einem Becher Kräutertee, wann immer es geht.

Rezepte

In den Rezepten gebe ich die Mengen in Esslöffeln an, damit du einen Anhaltspunkt hast. Natürlich kannst du dir die Rezepte auch hochrechnen, wenn du einen Tee besonders magst, oder nur eine kleine Menge mischen, weil du ihn für eine kurzzeitige Anwendung benötigst.

In dieser Kräuterteemischung dominieren die Hopfenblüten, die beim Einschlafen helfen können. Malvenblüten und getrocknete Hundsrosenblüten sorgen für Farbe und bringen eine ausgleichende Wirkung mit.

MISCHUNG USELIG

Dieses merkwürdige Wort verwendet man bei uns am Niederrhein immer dann, wenn man sich nicht so gut fühlt („Mir ist uselig.") oder wenn das Wetter schlecht ist („Es ist ziemlich uselig draußen."). Dieser Tee hilft, wenn es einem uselig ist, in der Seele, aber auch im Bauch, bei Magenverstimmungen oder sogar Durchfall. Rose stärkt und die kleinen Gänseblümchen regen den Stoffwechsel an. Die Blätter des Frauenmantels sorgen dafür, dass die kleineren Bestandteile nicht im Glas nach unten fallen, sondern in der Mischung gut verteilt bleiben.

Zutaten:

4 EL Pfefferminze

2 EL Frauenmantel

1 EL Gänseblümchen

1 EL Calendula

1 EL Malve

Zubereitung und Anwendung:

Kräuter mischen und vor Verwendung kurz im Mörser leicht anreiben.
1 TL pro Tasse, bei Bedarf 1–2 Tassen trinken. Dieser Tee kann auch für Mundspülungen verwendet werden.

MISCHUNG GEWITTER IM BAUCH

Wenn es mal richtig hoch hergeht im Bauch, hört man immer wieder, dass Menschen sagen, sie hätten „Magen-Darm". Klingt ein bisschen diffus und fühlt sich bei jedem möglicherweise anders an. Die eine verspürt Sodbrennen, der andere Blähungen, Übelkeit und vielleicht Durchfall. Es herrscht Unwetter im Körper und man ist in solchen Situationen oft außer Gefecht gesetzt. Aber keine Sorge, Hilfe naht mit dieser Teemischung. Da dies kein Tee ist, den man täglich trinkt, ist das angegebene Rezept für eine Thermoskanne mit etwa einem Liter Inhalt gedacht. Man trinkt den Tee in kleinen Mengen über den Tag verteilt, bis es einem abends hoffentlich wieder besser geht.

Zutaten:

4 EL Kamille

2 EL Pfefferminze

1/2 TL Kümmel, im Mörser vorher etwas zerreiben

1/2 TL Thymian (bei frischen Kräutern die doppelte Menge verwenden)

1 Gewürznelke, im Mörser etwas zerreiben

Zubereitung und Anwendung:

Angegebene Menge mischen, vor Verwendung alles kurz im Mörser anreiben und mit heißem Wasser übergießen. 10 Minuten ziehen lassen, abgießen und in eine Thermoskanne füllen. Über den Tag verteilt trinken.

MISCHUNG GEWITTER IM KOPF

Spannungskopfschmerz, Brummen im Kopf und manchmal sogar ein richtiges Gewitter. Gar nicht schön und immer ein Zeichen dafür, dass es Zeit wird, eine Pause zu machen. Der Kopfschmerztee ist eine gute Gelegenheit, mit einem dampfenden Becher Tee in der Hand zur Ruhe zu kommen. Die enthaltene Weidenrinde wirkt wie ein natürliches Aspirin. Das ist nicht verwunderlich, denn das Salicin der Weide wird in der Leber zu Salicylsäure umgewandelt. Dieses Wissen hat man sich auch bei der Herstellung des bekannten Arzneimittels zunutze gemacht. Das Rezept ist so zusammengestellt, dass man sich einen kleinen Vorrat für den Notfall anlegen kann.

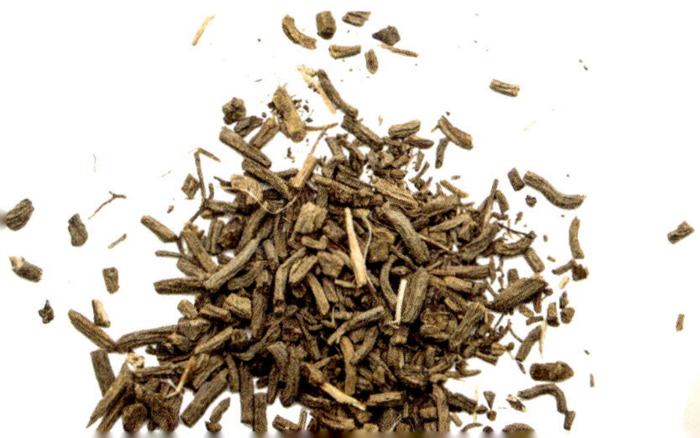

Zutaten:

4 EL Weidenrinde

2 EL Zitronenmelisse

1 EL Kamillenblüten

1 TL Zimtrinde

1 TL Baldrianwurzel

Zubereitung und Anwendung:

Die Rindenbestandteile, die Baldrianwurzel und die Zimtrinde brauchen länger, um zu ziehen. Deshalb wird der Tee erst einmal mit kaltem Wasser übergossen, bis alles gut bedeckt ist. Lasse ihn dann 10 Minuten ziehen und übergieße anschließend alles mit 95 Grad heißem Wasser und lasse den Tee nochmals 5 Minuten ziehen. Achtung, auch wenn es logisch erscheint: Den Kaltaufguss nicht wegschütten, sondern mit dem heißen Wasser auffüllen. 1 TL pro Tasse, bei Bedarf 1–3 Tassen pro Tag trinken.

FRESH UP

Dieser Tee ist frisch und anregend und kann am Morgen getrunken werden, um in den Tag zu starten. Man kann ihn entweder in einer Thermoskanne warm mitnehmen oder abkühlen lassen und im Sommer als Eistee genießen.

Zutaten:

4 EL Grüner Hafer

2 EL Zitronenverbene

1 EL Pfefferminze

1 EL Zitronenmelisse

1 EL Süßholzwurzel

Zubereitung und Anwendung:

Süßholzwurzel und Hafer brauchen länger, um zu ziehen. Deshalb wird der Tee erst einmal mit kaltem Wasser übergossen, bis alles gut bedeckt ist. Lasse ihn dann 10 Minuten ziehen, übergieße anschließend alles mit 95 Grad heißem Wasser und lasse den Tee nochmals 5 Minuten ziehen. Achtung, auch wenn es logisch erscheint: Den Kaltaufguss nicht wegschütten, sondern mit dem heißen Wasser auffüllen. 1 TL pro Tasse.

ZEIT FÜR DICH: DEINE GANZ PERSÖNLICHE TEEMISCHUNG

Stell dir vor, du willst dir etwas Gutes tun und hast deine eigene Teemischung mit allem, was du brauchst. Nur für dich und mit genau den Zutaten, die du magst. Es ist gar nicht schwer, so etwas Persönliches zu mischen, wenn du einige Fragen beantwortest und dir etwas Zeit nimmst, um deine liebsten Heilpflanzen zu entdecken. Meistens schauen wir, welche Wirkung ein Kraut hat, und nehmen es dann für einen Tee. Das ist der ideale Weg, um schnelle Unterstützung zu bekommen. Wie wäre es aber, wenn du es auch mal umgekehrt versuchst? Schau mal, was in deiner direkten

WINDh

Umgebung vermehrt wächst, was dir besonders gut gefällt oder dir anderweitig irgendwie immer wieder über den Weg läuft.
Bei mir war es im letzten Jahr die Schafgarbe, die auf unseren Schafwiesen in großen Mengen wächst. Ich habe mich näher mit der bekannten Heilpflanze beschäftigt und herausgefunden, was sie speziell für mich in petto hat. Als Frauenpflanze begleitet sie den weiblichen Zyklus und kann dabei unter anderem ausgleichend und beruhigend wirken. Vielleicht hast du auch eine Pflanze, die du ganz besonders gern magst und die sich als wirksame Heilpflanze herausstellt. Dann kannst du daraus entweder einen Tee kochen, der nur diese eine Pflanze enthält, oder sie als Leitdroge für deine Teemischung verwenden. Damit ist die Heilpflanze gemeint, die im Kräutertee die Hauptwirkung erzielen soll.

Womit wir schon bei der ersten Frage wären:

Welche wichtigste Wirkung willst du mit deinem Kräutertee erzielen? (Leitdroge)

Forsche im Kapitel über Heilkräuter gleich mal nach, bei welcher beschriebenen Wirkung du sofort aufhorchst und an dich und deine Gesundheit denkst. Was wünschst du dir für deine aktuelle Situation? Und reicht dafür das eine Heilkraut oder braucht es mehr? Dann kannst du mit vier bis sieben einzelnen Bestandteilen deine Teemischung zusammenstellen. Dabei spielt deine Lieblingsheilpflanze oder das Heilkraut mit der für dich wichtigsten Wirkung die Hauptrolle.

Die anderen Bestandteile deiner Teemischung haben verschiedene Aufgaben:

Welches Heilkraut kann die Wirkung der Hauptzutat verstärken? (Ergänzungsdroge)

Auch hier tauchst du wieder in das Kapitel über die Heilkräuter ein oder ergänzt mit einem umfassenden Bestimmungsbuch zum Thema Heilpflanzen (siehe Anhang). Achte bei deiner Recherche auch darauf, dass Wirkungen sich nicht gegenseitig aufheben. Wähle außerdem keine Zutat, die du partout nicht magst. Dein Körper zeigt dir ganz genau, was gut für dich ist, wenn du ihm aufmerksam zuhörst.

Welchen Geschmack magst du gern? (Hilfsdroge für Geschmack und Aroma)

Diese Frage kannst du mit der sogenannten Hilfsdroge beantworten. Wenn du es zum Beispiel gerne süß magst, kannst du Süßholzwurzel oder Anis hinzugeben. Wenn dir ein bitterer Geschmack zusagt, kannst du Wermut oder Beifuß mit einmischen. Ist dir ein frischer zitroniger Geschmack wichtig, ist Zitronenmelisse, Ananassalbei, Zitronenthymian oder Pfefferminze die richtige Wahl. Wer es gern blumig mag, gibt zum Beispiel Lavendel, Rosenknospen oder Lindenblüten mit in die Teemischung.

Wie fein sind die Bestandteile? (Stabilisierungsdroge)

Je nachdem, wie klein und zart die Zutaten deiner persönlichen Kräuterteemischung sind, kann es sinnvoll sein, ein Kraut hinzuzufügen, das die Zutaten stabilisiert. Dadurch wird vermieden, dass sich alle kleinen Teile zusammenklumpen und die Mischung dadurch nicht mehr gleichmäßig verteilt ist. Brombeerblätter sind dafür geeignet, aber auch Spitzwegerichblätter, Himbeer- und Salbeiblätter sorgen mit dafür, dass sich dein Tee wieder entmischt. Und neben ihrer Stabilisierungsfunktion haben alle diese Beigaben ebenfalls eine Heilwirkung.

Wie schön soll der Tee aussehen? (Schmuckdroge)

Mir persönlich gefällt es sehr gut, wenn mein persönlicher Kräutertee neben seiner Heilwirkung auch schön aussieht. Ich mische deshalb auch Schmuckdrogen mit ein. Je nachdem, wofür der Tee gedacht ist, passen getrocknete Kornblumenblüten, Rosenknospen, Malvenblüten, Calendula- oder Hopfenblüten. Auch wenn der Anteil der Schmuckdrogen klein ist, sollte die Wirkung der verwendeten Pflanze nicht außer Acht gelassen werden. Zu einem anregenden Tee passen zum Beispiel keine Hopfenblüten (schlaffördernd) und zu einem Schlaftee passt die anregende Birke weniger gut.

Anteile der einzelnen Zutaten in deiner ganz persönlichen Teemischung:

Leitdroge:	10 EL
Ergänzungsdroge:	4 EL
Hilfsdroge:	1 EL
Stabilisierungsdroge:	nach Bedarf
Schmuckdroge:	nach Bedarf

(Übersicht mit Dank an Jules Sentman von Urbarium)

Zubereitung und Anwendung:

Je nachdem, wofür du den Tee brauchst, wählst du auch den Moment, zu dem du ihn zu dir nimmst. Gestalte ein schönes kleines Teeritual, um ihn aufzugießen (1 TL pro Tasse), wähle deinen Lieblingsbecher und trinke den Tee nicht achtlos nebenbei. Nimm dir Zeit für dich, höre Musik, die dir guttut (auf Spotify findest du übrigens eine WILDE FEUERKRÄUTER-Playlist), blinzle ein bisschen in die Sonne oder schaue in die Sterne. Nimm den Tee in einer Thermoskanne mit, wenn du unterwegs bist, und mache eine kleine Pause in der Natur, ganz für dich allein oder mit einem Menschen, der dir besonders wichtig ist.

Tinkturen haben die geballte Ladung Pflanzenwirkstoffe und können ganz leicht selbst hergestellt werden. Sie sind lange haltbar und bringen in ein paar Tropfen alles mit, was du gerade brauchst. Wenn man die gleiche Menge herausgelöster Wirkstoffe zu sich nehmen wollte, müsste man gleich literweise Kräutertee trinken. An sich macht das ja nichts, denn das Durchspülen ist sehr gesund. Es gibt aber Situationen, in denen benötigt man in kurzer Zeit viel Kraft in kleiner Verpackung. In diesem Kapitel erfährst du, wie einfach es ist, sich eine Tinktur selbst herzustellen, und bekommst einige Rezepte zur Anregung, die du auch einfach abwandeln kannst.

Hausapotheke für Kräuterfeen: Tinkturen

Auch für die Herstellung von Tinkturen braucht es nicht viel. Ein guter Filter ist aber ein hilfreiches Utensil. Für diesen braucht man keine Filtertüten.

Was sind Tinkturen und wie wirken sie?

Eine Pipettenflasche ist sehr hilfreich bei der Einnahme, aber auch mit einer Tropfflasche kann man genau dosieren. Die Flasche ist aus dunklem Glas, damit die Qualität der Tinktur nicht durch Lichteinfall vermindert wird.

Bei einer Tinktur werden die Sekundärstoffe von Heilpflanzen in Alkohol gelöst. Auch diesen Vorgang nennt man Mazerat. Beim Alkoholauszug steht eine schnelle Wirkung bei kleiner Menge, aber hoher Konzentration direkt zur Verfügung, da die Lösung sofort in den Blutkreislauf aufgenommen wird. Wenn eine Erkältung in der Nase kribbelt, der Bauch zwickt, der Blutdruck steigt oder das Zahnfleisch entzündet ist, zum Beispiel. Rinden, Wurzeln und andere sehr feste Pflanzenbestandteile lassen sich außerdem in Alkohol besonders gut lösen.

Alle, die auf gar keinen Fall Alkohol zu sich nehmen dürfen, können die Rezepte alternativ auch mit Essig ansetzen. Das gibt aber einen deutlichen Unterschied in der Auszugsdauer und der Haltbarkeit. Eine Tinktur mit Alkohol hält ohne Weiteres zwei bis drei Jahre, während eine auf Essig basierende Tinktur nur etwa zwei bis sechs Monate hält.

Mit einfachen Mitteln kann sich jeder seine eigene kleine Hausapotheke mit den Tinkturen zusammenstellen, die in der eigenen Familie gebraucht werden. Dabei muss es dann aber auch bleiben, denn ein Verkauf oder die unkontrollierte Weitergabe an andere ist nicht erlaubt. Das zeigt, dass es sich dabei um ernst zu nehmende und hochwirksame Heilmittel handelt, die man unbedingt auch von Kindern fernhalten sollte.

Tinkturen können auch zur äußerlichen Anwendung hergestellt werden; eine Tinktur aus Gänseblümchen und Kamille kann in der Behandlung unreiner Haut und bei der Herstellung von Naturkosmetik zum Einsatz kommen, eine Arnikatinktur wirkt schmerzstillend und entzündungshemmend äußerlich angewandt bei Prellungen und Verstauchungen. Aber gleich hier noch einmal der Hinweis, dass Arnika nur in homöopathischen Dosen aus Expertenhand innerlich eingenommen werden darf. Da in diesem Buch alles im Mittelpunkt steht, was innerlich wirkt, konzentrieren sich die Beispiele für Tinkturrezepte in diesem Buch auch auf das, was durch Einnahme wirkt. Wenn du merkst, dass dir die Tinktur hilft, kannst du sie in der kleinen Flasche auch leicht mitnehmen und bei Bedarf unterwegs einnehmen.

Herstellung

Für die Herstellung einer Tinktur brauchst du ein Glas mit Schraubdeckel, das etwa 500 ml fasst, einen Kaffeefilter zum Abfiltern der fertigen Tinktur und Pipettenflaschen oder Tropfflaschen aus Braun- oder Blauglas. Wenn du keinen Kaffeefilter hast, kannst du alternativ ein feines Passiertuch verwenden, das du in einen Trichter legst. Außerdem benötigst du einen winzigen Trichter oder eine Spritze ohne Kanüle für das Abfüllen.
Mindestens 40-prozentiger Alkohol bildet die Grundlage für die heilsamen Tröpfchen. Geeignet ist hochwertiger Wodka, Korn und für Tinktur-Gourmets auch der Lieblingswhisky. Letzteren habe ich mal aus Not verwendet, weil der Wodka nicht reichte, was bei den Endverbrauchern meiner Tinktur kleine Aufschreie des Entzückens hervorgerufen hat. Die Kombination kräftiger Kräuterauszüge und richtig gutem Whisky bringen ein Ergebnis, das ohne Weiteres als edle Variante eines Magenbitters herhalten kann. Man kann auch Ethanol aus der Apotheke für den Pflanzenauszug nehmen, das ist dann allerdings, abgesehen vom Whisky, die teuerste Variante.
Trotz des Alkohols wird man von etwa 30 Tropfen täglich vermutlich nicht beschwipst. Je nach Zielsetzung für die Einnahme nimmt man 15 Tropfen am Morgen und 15 Tropfen am Abend, die Fahrtüchtigkeit wird dadurch aller Wahrscheinlichkeit nach nicht eingeschränkt.
Die Kräuter (Angaben dazu findest du im Basisrezept) werden mit dem Alkohol übergossen und in einem passenden Glas vier Wochen an einem kühlen dunklen Ort stehen gelassen. Das Glas wird mit hochwertigem Backpapier abgedeckt und dann mit einem Schraubdeckel verschlossen. Während der Auszugsdauer sollte das Glas alle ein bis zwei Tage geschüttelt werden. So sind die Kräuter möglichst immer mit Alkohol bedeckt. Nach dieser Zeit wird der Alkohol durch einen Filter abgegossen und in kleine Flaschen gefüllt. Dafür verwendet man den kleinen Trichter (der meistens mit den Pipettenflaschen mitgeliefert wird) oder eine Kunststoffspritze ohne Kanüle.
Gut verschlossen hält die Tinktur ein bis zwei Jahre.

Rezepte

Im Basisrezept wird die Vorgehensweise noch einmal kurz beschrieben, in den Rezepten findet sich die Angabe zu den verwendeten Kräutern. Aus allen in diesem Buch beschriebenen Kräutern können Tinkturen hergestellt werden. Auch die Kräuterkombinationen aus den Teemischungen eignen sich für den Alkoholauszug.
Falls Essig statt Alkohol ins Glas kommt, bleibt die Menge gleich, die Haltbarkeit der Tinktur ist jedoch eingeschränkt und die Konzentration des Auszugs geringer.

BASISREZEPT

Zutaten:

100 g frische oder
50 g getrocknete Kräuter, gesäubert und zerkleinert, jedoch auf keinen Fall nass
300 ml mindestens 40-prozentiger Alkohol

So geht's:

Kräuter in das Glas geben und mit dem Alkohol übergießen.
Glas mit Backpapier und Schraubdeckel verschließen und für vier Wochen an einen dunklen kühlen Ort stellen. Alle ein bis zwei Tage schütteln.
Nach vier Wochen durch einen Kaffeefilter abfiltrieren und in dunkle Tropf- oder Pipettenflaschen füllen.

Anwendung:

Täglich 1- bis 2-mal vor dem Essen 15–30 Tropfen pur oder in etwas Wasser einnehmen. Im Akutfall alle 2–3 Stunden 10 Tropfen einnehmen (nicht länger als 5-mal hintereinander, außerdem auf Alkoholgehalt achten).

HUSTENTINKTUR

Zutaten:

50 g frischer oder 25 g getrockneter Spitzwegerich

30 g frischer oder 15 g getrockneter Thymian

20 g frischer oder 15 g getrockneter Salbei

Zubereitung siehe Basisrezept. Von der Hustentinktur an Tagen mit starkem Husten alle 2–3 Stunden 10 Tropfen einnehmen, nicht länger als 5-mal hintereinander, außerdem auf Alkoholgehalt achten.

MAGENTINKTUR

Zutaten:

50 g frisches oder 25 g getrocknetes Gänsefingerkraut

30 g frischer oder 15 g getrockneter Fenchel

20 g frische oder 15 g getrocknete Schafgarbe

Zubereitung siehe Basisrezept. Von der Magentinktur bei Übelkeit oder einem unwohlen Gefühl im Magen einmal 15 Tropfen einnehmen und dies bei Bedarf nach 2–3 Stunden wiederholen. Nicht häufiger als 4-mal hintereinander, außerdem auf Alkoholgehalt achten.

FIT-DURCH-DEN-WINTER-TINKTUR

Zutaten:

50 g frische oder 25 g getrocknete Holunderbeeren

20 g frischer Ingwer

20 g frische oder 15 g getrocknete Lindenblüten

1 frische Kurkumawurzel oder 1 TL gemahlenes Kurkuma

Jeweils vier Wochen lang täglich 1- bis 2-mal vor dem Essen 15–30 Tropfen pur oder in etwas Wasser einnehmen. Zwei Wochen pausieren und danach wiederholen.

KÖNIGSDISZIPLIN: ANTIVIRALE TINKTUR

Diese Tinktur ist ebenso einfach herzustellen wie die anderen, vereint aber drei Kräuter mit einer ganz speziellen Wirkung. Die antiviral wirksamen Sekundärstoffe, die in Rosmarin, Thymian und Salbei enthalten sind, können nämlich Viren davon abhalten, sich mit den Zellwänden in unserem Körper zu verbinden. Sie bremsen die Viren tatsächlich richtig aus, indem sie ihre Beweglichkeit vermindern. Dabei werden Viren zwar nicht getötet, aber ihrer Vermehrung wird entgegengewirkt. Auf diese Weise wird das Immunsystem weniger stark bombardiert und kann besser reagieren. Eine ideale Tinktur, um gut durch die Zeit zu kommen, in der Grippe & Co. an jeder Ecke lauern.

Zutaten:

300 ml mindestens 40-prozentiger Alkohol

40 g frischer oder 15 g getrockneter Rosmarin

40 g frischer oder 15 g getrockneter Thymian

20 g frischer oder 15 g getrockneter Salbei

Zubereitung siehe Basisrezept. Jeweils vier Wochen morgens und abends 15–30 Tropfen pur einnehmen. Zwei Wochen pausieren und danach wiederholen. Im Akutfall alle 2–3 Stunden 10 Tropfen ebenfalls pur (nicht länger als 5-mal hintereinander, außerdem auf Alkoholgehalt achten).
Die Pause nach längerer Tinktureinnahme soll einem Gewöhnungseffekt entgegenwirken.

Je nach verwendeten Kräutern ist der Alkoholauszug recht dunkel und sehr intensiv. Bei einer Tinktur steckt auch in kleiner Menge viel Pflanzenkraft.

Es gibt sehr gute Literatur, Online- und Offline-Kurse, Workshops und Retreats zum Thema Heilpflanzen und Kräuter.

Feuer und Flamme: Weiter so!

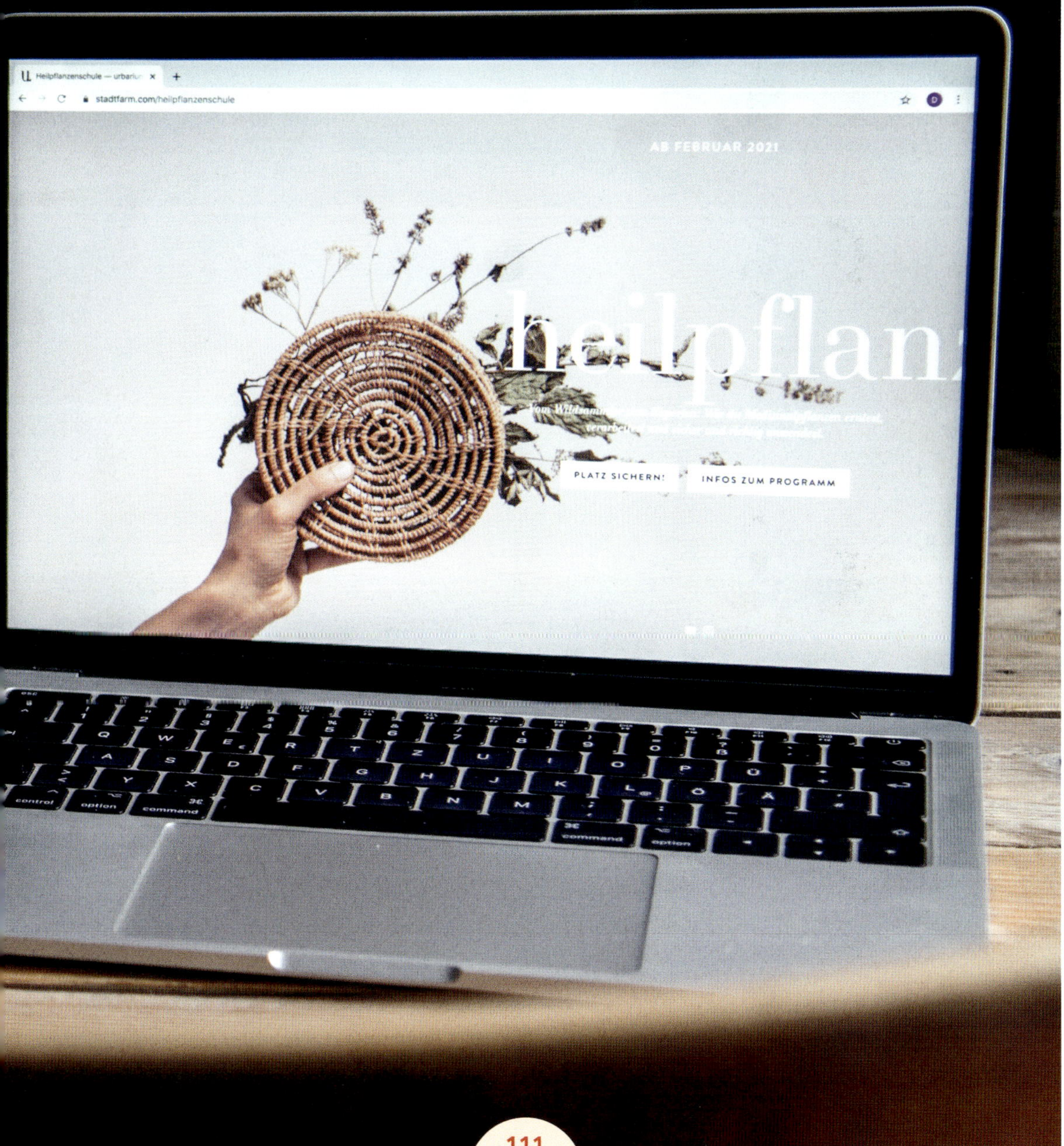

Fire Cider, Wasserkefir und Kräutertee gehören ab jetzt zu deinem Leben und du gehst ohne Taschenmesser, Baumwollbeutel und Bestimmungsbuch gar nicht mehr aus dem Haus? Dann wird es Zeit, diese Leidenschaft auszubauen. Du kannst Workshops, Ausbildungen und Prüfungen machen und, wenn du Lust hast, sogar ein kleines Kräuterbusiness aufbauen. In diesem Kapitel wirst du entdecken, wie es auf der grünen Spur für dich weitergehen kann.

Kräuterexperte werden

Immer wieder ist in diesem Buch von der kleinen Kräuterrevolution die Rede, die Jules Sentman schon im Vorwort erwähnt hat. Du kannst Teil dieser Bewegung sein, bei der wir dafür sorgen, dass die Kräuterkunde nicht verstaubt. Gemeinsam interpretieren wir altes Wissen neu und stecken uns gegenseitig mit tollen Ideen an. Jeder kann mitmachen und dafür sorgen, dass das tolle Thema richtig bunt und lebendig wird. Die Heilpflanzenschule von www.urbarium.de ist ein schicker Start in die Welt der modernen Kräuterhexen. Dort lernst du alles, was du wissen musst, wenn du aus Heilpflanzen, deren Wirkung wissenschaftlich bestätigt wurde, gesundheitsfördernde Produkte herstellen möchtest. Teemischungen, Naturkosmetik, Tinkturen und andere besondere Dinge wie Moon Milk, Räuchermischungen und die Erstellung eines Herbariums kannst du bei der Expertin für Phytotherapie lernen. In ihrem dynamischen Online/Offline-Programm erhältst du in der Vollversion zusätzlich zu den interessanten Online-Modulen, die aufeinander aufbauen, zauberschöne Päckchen mit Zutaten, Anleitungen und kleinen Überraschungen mit der Post. Dazu gehört unter anderem Saatgut für deinen eigenen kleinen Heilpflanzengarten, ein perfektes Kräutermesser und die Grund-

Hier wird mit den schönen Heilpflanzenmonografien vom Urbarium ausnahmsweise Tee gemischt. Tatsächlich nimmt man zum Mischen zwei Pappkarten in vergleichbarer Größe.

zutaten für ein natürliches Hautprodukt. Im Chat mit anderen Teilnehmern kannst du dich austauschen und alle Fragen stellen, die sich ergeben, wenn du Heilpflanzen kennenlernst.
Auf Instagram gibt es inzwischen eine spannende Community, in der ein reger Austausch stattfindet. Kräuterbegeisterte aus der ganzen Welt zeigen hier, was sie machen, teilen kleine Filme oder stehen für Fragen zur Verfügung. Aber auch wenn einem die virtuelle Vernetzung weniger liegt, kann man zur frischen neuen Kräuterkunde Workshops, Kräuterwanderungen, Wildpflückkurse und Vorträge finden.
Lust auf einen Workshop bei der Autorin dieses Buches? Dann schau gleich mal auf der Website nach den aktuellen Terminen. Die Adresse dazu findest du im Anhang.

Kräuter, Oxymels und Tee verkaufen

Ein kleiner Marktstand, ein Pop-up-Shop oder ein richtiger Kräuter- und Heilpflanzenladen klingt gut, findest du nicht auch? Da kannst du deine eigenen Produkte anbieten, dein Wissen teilen und Menschen treffen, die mithilfe von Kräutern und Heilpflanzen gesund bleiben oder werden wollen. Vielleicht willst du ja auch Kräuter züchten, Sämereien verkaufen und deine eigenen Teemischungen unter die Leute bringen. Dafür ist es wichtig, Dich vorher mit den rechtlichen Bedingungen zu beschäftigen, die in verschiedenen Gesetzen fest verankert sind. Nähere Informationen bekommst du unter anderem in der Urbarium-Heilpflanzenschule und in dem Buch „Vermarktung von Kräuterprodukten" von Rudi Beiser.
Was auch immer du vorhast, mach bitte keine halben Sachen, denn damit würdest du dem Ansehen der modernen Kräuterheilkunde schaden. Es geht um hochwirksame Heilmittel, die nur dann verbreitet werden sollten, wenn derjenige, der sie herstellt, Experte dafür ist. Dafür braucht es fundiertes Wissen, umfassende Erfahrung und immer wieder auch eine Kontrollinstanz, die dir hilft, die Qualität auf höchstem Niveau zu halten. Wenn man sich mit anderen zusammentut und dafür sorgt, dass man immer mindestens einen Experten an seiner Seite hat, kann man erste Schritte wagen. Konzentriere dich dann aber erst einmal auf ein oder zwei Produkte und arbeite so lange daran, bis du das optimale Ergebnis zeigen kannst. Vergleiche mit dem, was andere machen, und bleibe immer kritisch, was Zutaten, Herstellung, Hygiene und Präsentation betrifft.
Ich habe zum Beispiel sehr intensiv an meinem eigenen Fire-Cider-Rezept gearbeitet. Immer wieder habe ich verschiedene Zutaten, Mengenverhältnisse und

Wie wäre es, wenn du dir deinen eigenen Kräutergarten anpflanzt? Dann hast du immer frische Kräuter und kannst für den Winter trocknen, was übrig bleibt.

Herstellungsvarianten ausprobiert. Über alles habe ich penibel Buch geführt, habe Zutaten abgewogen, verschiedene Ansätze und Mischungen gemacht, viel probiert, einiges verworfen und anderes ausgefeilt, um letztendlich zu meinem eigenen Rezept zu kommen. Das findest du jetzt in diesem Buch.

Kümmere dich um ansprechende Gefäße, optimale Verschlussmöglichkeiten, nachhaltige Materialien und beste Zutaten. Auch das Finish hat deine volle Aufmerksamkeit verdient: Kröne deine Arbeit mit professionellen und passenden Etiketten, Verpackungen und Beschriftungen.

Der Oregano (*Origanum vulgare*) oder auch wilder Majoran ist Würz- und Heilkraut zugleich. Ich verwende Blüten und Blätter gemischt und trockne immer einen großen Vorrat für den Winter.

Mein Kräutergarten: Impressionen

Meine Kräuter sind an vielen Stellen unseres gesamten Gartens zu finden, der an einigen Tagen im Jahr auch für Besucher geöffnet wird. Informationen dazu gibt es auf www.villerthegarden.de. Außerdem sammle ich wilde Kräuter, die ich in der Umgebung unseres Hauses und überall dort entdecke, wo ich gerade unterwegs bin.

Der Headgardener hat die Pflanzen aufgrund ihrer Farbe, Größe und Blattstruktur ausgewählt, ich kann mir die Heilwirkung dieser schönen Gewächse zunutze machen. Der Garten birgt auf diese Weise vielfältige und manchmal auf den ersten Blick verborgene Schätze.

Bild oben: Thymian (*Thymus vulgaris*) und im Hintergrund Bohnenkraut (*Satureja hortensis*) wachsen entlang eines kleinen Pfades mitten in der Sonne. Bild unten: Hier wachsen Frauenmantel (*Alchemilla*) und Heiligenkraut (*Santolina*) am Rande eines 30 Meter langen Beetes, das an beiden Seiten bepflanzt ist.

DARJEELING

Für Teemischungen verwende ich auch Blüten die ich im Garten finde, wie zum Beispiel von der Kartoffelrose (*Rosa rugosa*), deren rosa Blüten hier im Vordergrund zu sehen sind oder von der roten Indianernessel (*Monarda*) die am Rande der Rasenfläche im Hintergrund steht. Der große Rosmarin (*Salvia rosmarinus*) steht geschützt direkt am Haus und kann ganzjährig geerntet werden.

Man braucht nicht viele,
aber dafür gute Zutaten.

Anhang

Dieser Teil des Buches spart dir jede Menge Zeit. Du brauchst nicht lange zu suchen, um das zu entdecken, was du wissen musst, wenn du sinnvolles Zubehör, gute Zutaten und weiterführende Links brauchst. Außerdem erfährst du mehr über Autorin und Fotografin dieses Buches und wie du sie in den sozialen Medien finden kannst.

Bezugsquellen und andere hilfreiche Links

Alle Zutaten, die in diesem Buch zu finden sind, sind einfach zu bekommen, und es braucht auch keine große Ausstattung, um die Rezepte zubereiten zu können. Wer aber größere Mengen herstellen möchte oder viel Wert darauf legt, dass alles nicht nur gut schmeckt, sondern auch schön aussieht und eine tolle Qualität hat, sollte unbedingt mal bei den folgenden Anbietern stöbern. Natürlich gibt es noch viele andere, ich nenne nur die, deren Produkte ich selbst ausprobiert und für gut befunden habe und deshalb von Herzen empfehlen kann.

- Folgendes Buch sollte in keinem Rucksack fehlen, wenn du losziehst, um wilde Kräuter zu sammeln: Der Kosmos Heilpflanzenführer von Ingrid und Peter Schönfelder. Du findest darin über 600 Heil- und Giftpflanzen Europas und einen Anwendungsteil mit 80 Pflanzen.

- Schöne Gläser mit gut verschließbaren Deckeln in verschiedenen Größen, die sich für alle Zubereitungsformen in diesem Buch eignen und die fertigen Produkte besonders positiv zur Geltung kommen lassen: www.lieblingsglas.de

- Hier gibt's Wasserkefirkristalle und praktisches Fermentationszubehör. Vor allem die Deckel mit dem Einwegventil eignen sich hervorragend für die Erstfermentation des Wasserkefirs, außerdem sind praktische Startersets hilfreich, wenn man mit dem Brauen von fermentierten Getränken beginnt: www.fairment.de

- Meerrettich, Ingwer, Kurkuma in Bioqualität: www.quast-meerrettich.de

- Einzelkräuter, Gewürze und Teemischungen in Bioqualität: www.kraeuterkontor.de

- Passiertücher aus Biobaumwolle: www.treebox.de

- Biologische Teekräutersamen in besonders schöner Verpackung aus einem liebevollen, nachhaltigen Projekt von Karla Roso: www.didaseeds.com

- Biokräuterprodukte in Österreich: www.der-bio-shop.info

- Biokräuterprodukte in der Schweiz: www.kraeuter-loetsch.ch

- Eine regelmäßig aktualisierte Gesamtliste der Kräuter, die als Lebensmittel gelten, ist unter www.wkf.de (Wirtschaftsvereinigung Kräuter- und Früchtetee e.V.) zu finden und nennt sich WKF Inventarliste Lebensmitteldrogen.

Autorin Dorothee Dahl und Fotografin Janine Hegendorf

Über die Autorin

Dorothee Dahl lebt zusammen mit ihrem Mann, Hunden und Schafen mitten im Grünen und hat schon als Kind vom Wissen und der Erfahrung ihrer Großmütter profitieren dürfen, wenn es um Naturheilkunde und gesunde Ernährung ging. Als Tochter des bekannten Gartenbuchautors Jürgen Dahl hat sie die Verwendung von Pflanzen, Wildkräutern und anderen natürlichen Zutaten gelernt und selbst erfahren. Dieses alte Wissen hat sie intensiv studiert, bei renommierten Lehrern dazugelernt und mit eigenen Rezepten erweitert. Die Autorin arbeitet zusammen mit anderen Kräuterexperten intensiv daran, professionell und kompetent zu zeigen, dass Heilpflanzen eine essenzielle Rolle in unserem Leben spielen sollten. Sie ist fest davon überzeugt, dass in der Natur alles vorhanden ist, was die Gesundheit fördert und das Immunsystem stärkt.

Die Autorin gibt in ihrem außergewöhnlichen Garten www.villerthegarden.de Workshops zu den Themen dieses Buches, die sich großer Beliebtheit erfreuen, außerdem ist sie damit in den sozialen Medien präsent. Zusammen mit der Fotografin dieses Titels, Janine Hegendorf, hat sie ein Teekräuterprojekt auf dem gemeinsamen Acker, auf dem zum Teil auch die biologischen Zutaten für die in diesem Buch enthaltenen Rezepte angebaut werden. Der für die Oxymels verwendete Honig stammt von Bienen, die im Garten der Autorin angesiedelt sind und von einer befreundeten Imkerin betreut werden.

Inzwischen hat die Autorin zahlreiche Publikationen zum Thema Landleben veröffentlicht, unter anderem ein erfolgreiches Buch über Schafhaltung an Haus und Hof. Sie gibt in ihren Büchern und Artikeln immer konkrete Anleitungen, die aus eigener Erfahrung und umfangreichem Wissen entstanden sind. Dabei ist es ihr wichtig, ihren Lesern zu zeigen, wie man mit einfachen Mitteln erfolgreiche Resultate erzielen kann.

Weitere Infos auf den Websites www.dorotheedahl.de (hier gibt es auch kostenlose Meditationen für jeden Tag) und www.wildefeuerkraeuter.de (auf dieser Seite stehen immer die aktuellen Termine für Workshops und andere Veranstaltungen).

Auf Instagram ist die Autorin unter
@wilde_feuerkraeuter und @dorothee_dahl zu finden.

Über die Fotografin

Janine Hegendorf ist erfolgreiche Foodfotografin und Foodbloggerin. Mit ihrem zeitgemäßen, inspirierenden und klaren Stil weckt sie schon seit einigen Jahren über ihren Food Blog www.nutsandblueberries.de und ihren Instagram Account großes Interesse. Als Markenbotschafterin namhafter Firmen setzt sie sich für eine gesunde und bewusste Lebensweise ein.

Sie wohnt mit ihrem Mann und drei coolen Katern in einem schönen Holzhaus am Niederrhein und hat sich dort der vegetarisch-veganen Küche verschrieben. Darin macht sie fast alles selbst, was sie anschließend fotografisch in Szene setzt. Dabei ist es ihr wichtig, die Zutaten und Gerichte so zu zeigen, wie sie wirklich sind. Bei ihr kann alles, was sie fürs Foto zubereitet hat, auch anschließend mit Genuss gegessen werden.

Zusammen mit der Autorin der Wilden Feuerkräuter hat sie außerdem einen Gemüseacker, auf dem auch Pflanzen für gesunde Kräuterteemischungen, Oxymels und Tinkturen wachsen.

Auf Instagram ist die Fotografin
unter @nutsandblueberries zu finden.

Danke ...

Jedes Buch ist ein Gesamtkunstwerk. Autorin und Fotografin stehen drauf und drin, aber hinter den Kulissen haben so viele tolle Menschen mitgewirkt, ohne die Wilde Feuerkräuter nicht so reichhaltig und schön geworden wäre, wie es ist.

Behind the Scenes

Als ich Brigitte Millán-Ruiz, der Chefin des Cadmos Verlags, meine Buchidee vorlegte, war sie sofort begeistert und hat gleich das ganze Verlagsteam mobilisiert, was dazu geführt hat, dass sich bald eine wundervolle Lektorin meldete und wir grünes Licht für dieses Herzensprojekt bekamen. Danke, Brigitte, dass du sofort an die Idee geglaubt hast, und danke, Barbara Meister, für deine lebendige und liebevolle Begleitung dieses Buches, manchmal sogar mitten in der Nacht. Der Grafikerin Gerlinde Gröll danken wir für die wunderschöne Gestaltung und dem ganzen Verlagsteam für die Unterstützung.
Unseren Männern Frank Fritschy und Steffen Hegendorf haben wir es zu verdanken, dass die Fotoshootings jedes Mal zu kleinen Events ausarteten, bei denen wir nicht nur unsere Häuser auf den Kopf gestellt, sondern auch lecker gegessen und viel Spaß gehabt haben. Ihr habt für das Catering gesorgt, Requisiten geschleppt, aufgeräumt, und ohne Steffens durchtrainierte Golferarme wäre das Buch nicht komplett. Diese Fotos gehören zu meinen Favoriten, zeigen sie doch, das Pflanzenkraft nicht nur guttut, sondern auch stark macht.

Good times

Außerdem danke ich allen, von denen ich das lernen durfte, was ihr in diesem Buch wiederfindet. Meinem Vater Jürgen Dahl danke ich dafür, dass er mir schon Pflanzennamen beigebracht hat, bevor ich meinen eigenen richtig aussprechen konnte, für das bunte kreative Leben früher bei uns zu Hause und für alle Garten-, Pflanzen- und Kräuterexperimente, die täglich bei uns stattfanden. Sogar die Fernsehsendung Hobbythek wurde mal in unserem Wohnzimmer gedreht. Danke für alles, in meinem Herzen und in deinen Büchern lebst du weiter. Meiner Mutter danke ich für die große Inspiration in ihrem kleinen Kräuterlabor, in dem sie viele Jahre Schwedenbitter und Kombucha angesetzt und mit ätherischen Ölen gearbeitet hat. Dort wurden auch Wadenwickel vorbereitet, Heilerde gemixt und Quarkwickel gerührt. Und wenn sie mal nicht mehr weiterwusste, hat sie erst mal einen Kopfstand gemacht.
Meiner aus Schlesien stammenden Großmutter danke ich für die vielen Stunden in der kleinen grünen Gartenlaube in Traben-Trarbach an der Mosel, in ihrem vielseitigen Gemüsegarten und in der kleinen einfachen Küche, in der ich viel fürs Leben gelernt habe. Deine Vorratskammer war für mich ein spannender Ort der Freude über all die herrlichen Dinge in den vielen Regalen und das alte Wissen der rumänischen Nachbarin Frau Harter eine unerschöpfliche Quelle für traditionelle Pflanzenmedizin. Ich freue mich, dieses alte Wissen weitertragen zu dürfen.

Soulmates

Jules Sentman danke ich dafür, dass sie mich in ihrer Heilpflanzenschule zur kleinen Kräuterrevolution angestiftet hat, und natürlich für das Vorwort zu diesem Buch. Meiner niederländischen Lehrerin Lisette Kreischer danke ich für Anleitung und Anstiftung zum Fire Cider, und meinen Campfirestories Soul sisters and -brothers danke ich für geteiltes Wissen, spannende Experimente am Feuer und bunte Inspiration: Lottie, Selfa, Esther, Alice, Katherine, Jolly, Maidie, Max und Joren.
Mein allergrößter Dank zu diesem Buch geht aber an Janine Hegendorf. Gemeinsam mit dir so ein Projekt gestalten zu dürfen ist ein Geschenk. Jedes Foto hat sich organisch entwickelt, und seine ganz eigene Geschichte und alle unsere Fotosessions waren immer ein kleines und sehr lustiges Fest. Vorher kannten wir uns nur ein bisschen, jetzt bin ich mir sicher, dass dieses Buch der Beginn einer lebenslangen Freundschaft ist.

Support

Nicht zuletzt danken wir www.lieblingsglas.de und www.fairment.de für die wertvolle Unterstützung. Mit den schönen Gläsern und dem hilfreichen Zubehör konnten wir alles genau so umsetzen, wie wir es uns vorgestellt hatten. Und wir danken www.zwilling.de für die besonders schöne Glasteekanne, in der unser Kräutertee optimal präsentiert und warm gehalten wird.

Stichwortregister

J

K

L

M

O

P

R

S

T

V

W

Z

Silja Parke
GANZ SCHÖN WILD
Wildkräuter für Hausapotheke, Naturkosmetik, Genuss
192 Seiten, durchgehend Abbildungen
Format 21 x 24 cm; Softcover
ISBN: 978-3-8404-3056-5 **19,95 €**

Buchtipps

Markusine Guthjahr
DIE BÄUERLICHE NATURAPOTHEKE
Gesund mit traditionellen Hausmitteln
128 Seiten, Softcover,
durchgehend farbige Abbildungen,
Format: 17 x 24
ISBN: 978-3-8404-3045-9 **14,95 €**

Engelbert Kötter
HAUPTSACHE KRÄUTER
Kräuterpairing leicht gemacht
Außergewöhnliches Kräuterwissen
für mich, meinen Garten
und meinen Geschmack.
432 Seiten; ca. 1500 farbige Abbildungen;
Format 21 x 24 cm; gebunden
ISBN: 978-3-8404-7575-7 **26,95 €**

Alle Bücher sind auch als eBook erhältlich!

CADMOS Verlag

Cadmos Verlag GmbH, Englmannstraße 2, 81673 München
Tel. +49 (0)89/451 08 51-0, vertrieb@cadmos.de, **www.cadmos.de**